帶著母雞環遊世界

Le monde selon Guirec et Monique

一個夢想航海的少年

一隻幫他圓夢的母雞

歷經絕地求生的驚奇旅程

GUIREC SOUDÉE 吉雷克・蘇德——著

VÉRONIQUE DE BURE 薇若妮可・德布爾——協助撰稿

范兆延——譯

國際媒體、書評、書迷、「雞」粉瘋狂推薦！

「不可思議的組合！這一人一雞竟然在極地活了下來！你們可能無法想像，但他們傳來的真實畫面卻令人驚嘆！」

——法國《費加洛報》

「最年輕的航海家，和第一隻航行西北航道的雞！讀者可能會對蘇德和莫妮克的互動非常感興趣，也一定為他們這段旅程所遇見的美景和險難驚呼不已。」

——美國《出版家週刊》

「這本書太令人興奮、太有趣了，有時候甚至讓人心跳加速……讀者待在家裡安然無恙地讀著這部作品，但感覺卻像是在大海上航行。」

——美國《書目雜誌》

「他們的故事激勵我們敢於夢想！蘇德沒有任何航海經驗，竟成了『西北航道』的最年輕航行者；而他的夥伴莫莫，也從來沒離開過陸地，卻成了世界上航海經驗最多的一隻雞！」

——BBC報導〈一個擁抱夢想的大男孩〉

「我七歲的孫子超愛這本書！當初是朋友推薦我買給孫子讀。現在每天晚上我們都會通電話，他好喜歡這個故事，我們已經讀一半了……我本來是為了莫妮克才買給他，想要他自己讀……」

——**美國阿公，MM**

「我為退休的父親買了這本書作為聖誕節禮物，因為他喜歡航海書籍。他對它愛不釋手，也喜歡書中的冷幽默！」

——**美國兒子，詹姆斯**

「一個水手的真實故事，更因為多了一隻雞相伴，他們的友誼讓這個故事更受人喜愛！」

——**德國讀者，霍爾古德**

「這個故事絕對是一份美麗的禮物，吉雷克可以在極地活下來，莫妮克功不可沒。她的蛋帶給他能量，她的陪伴讓他克服了一切的危險，這本書人類和動物的情誼相當感人！」

——**加拿大讀者，唐恩**

「吉雷克勇氣可佳，他和母雞莫妮克的冒險故事感動了各個年齡的人，也讓我們知道一切都有可能！」

——**義大利讀者，法比歐**

CONTENTS

獻給我父親史坦尼和他的樂土伊維內克。

老爸，你看，我聽了你的忠告：敢做就是贏家！

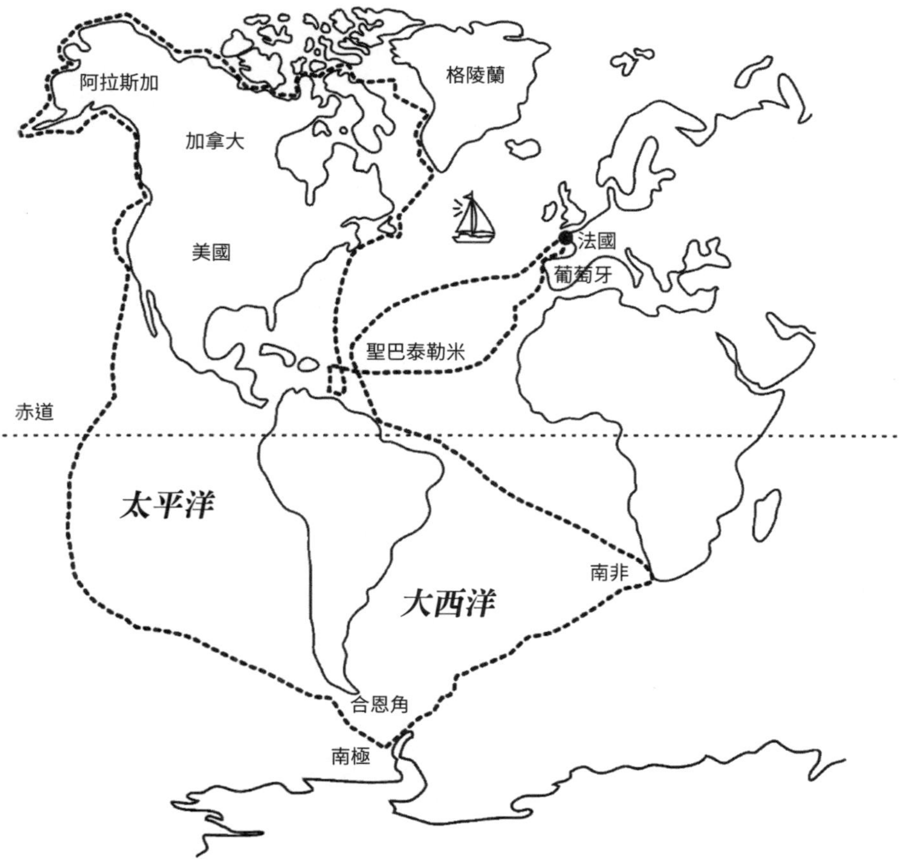
阿拉斯加
格陵蘭
加拿大
美國
法國
葡萄牙
聖巴泰勒米
赤道
太平洋
大西洋
南非
合恩角
南極

看好了，莫妮克，我們在這裡，它叫做溫哥華島。很美，對吧？最上面？那是格陵蘭！迪斯科灣（Baie de Disko），我們在那裡簡直玩瘋了，就算低溫讓人給凍壞了，我們還是經歷過一些熱血時刻！你沒忘記吧？現在，莫莫，好好看著我的手指，好極了！你看到那一大片藍色了嗎？那是太平洋。那些夾雜在藍色中間的小點點？它們都是島嶼。別亂動，莫莫，聽我說，這裡是玻里尼西亞。當地的項鍊是用花朵做的，那裡有香草和椰子的芳香。我們一起去吧，那會是一段漫長的旅程，莫妮克，一段漫長的旅程。但在旅程盡頭，我們會看到碧藍的海水和像是布列塔尼伊維內克島一樣柔軟的白沙。有一天，我會帶你去那裡。在離開冰封的世界後，你我一定會很喜歡玻里尼西亞。你會發現那裡有點像是你的家鄉，加納利群島（Île des Canaries）中的特內里費島（Tenerife）。在這片樂土裡，你可以捉到你想要的各種魚。我們可以衝浪、划船，甚至是風箏衝浪，我保證，我們不會飛得太高！你覺得怎麼樣呢？

*

我們最終沒有前往這個樂園，他們並不歡迎我們。其實他們嫌棄的是你，可是沒有你，我哪都不去。不過不要緊，我們總會找到另一片樂土。

故事要從
這裡說起

①

二〇一二年十二月

我有自己的船了！我從布列塔尼啟程，專程到南方的馬提古斯（Martigues）買下它。我，吉雷克，來自阿摩爾濱海省（Côtes-d'Armor）的普洛格雷斯坎特（Plougrescant），卻得為了一艘船跑到地中海，真沒想到！船東在電話中提醒我：「你大老遠跑來，可別白跑一趟。就是四萬歐元，不可能再低了。」我一口答應就出發了。他們並不知道我沒有這筆錢。如果把積蓄和我在澳洲的收入算在一起，總共只有三萬一千歐元——但我不管，我就是要這艘船！

過去這段時間，我找遍了布列塔尼地區的分類廣告，在科特迪瓦爾省、芬斯特爾省、摩爾比昂省和伊爾-維萊訥省的港口轉了一圈，看過了幾十艘帆船，卻沒有一艘符合我的期望和預算。我要的是一艘足夠堅固，可以在大洋上航行的船！最後，我找到了——

正在南方等著我的「朗格塔」（Loungta）：一個來自西藏的幸運象徵，有著「風之馬」意涵的吉祥名字。第一次見到朗格塔，它正停在陸地上檢修。在普羅旺斯蔚藍的天空下，實在美極了。第一眼我就喜歡上它！無可挑剔的一艘船，長十公尺，結實耐用，外觀維護得很好，而且內外兼美。雖然我不太喜歡橘色船身，但簡單刷個油漆就能解決問題。我之所以說「第一眼」，是因為我其實對巡航帆船一無所知，之前也從未登上任何一艘遠洋船隻，只要探討到技術細節，我就會露出一臉的茫然。於是看到朗格塔時，我假裝一副很懂的樣子，好像自己非常內行。

幸好，另一個叫「達米安」的年輕合夥船東，立刻讓我感到很放心。當談起我獨自橫渡大西洋，靠近北極冰層航行的計劃時，他竟然明顯表現出心神嚮往的模樣。

他們怎麼可能不把我當回事？我穿越整個法國，就是為了親眼見到這艘船。我像個如假包換的航海家，仔細檢查船體，指出兩三個缺陷，佯裝自己一眼就看穿了船隻最脆弱的地方。我傾聽引擎的聲音，打量帆船是否乾淨，檢查方向舵的轉動，摸了摸桅杆，張起了船帆，測試了船上的設備。

我對他們說，為了完善我的計劃，仍有不少的維修工程需要進行，還需要更換一些零件，對船舶耐用度進行評估等等。總之，我在交談中不斷加油添醋，最後談出了漂亮的價格：他們願意以兩萬九千歐元出售！我終於擁有一艘迷人的帆船了！

幾週後，我返回馬堤古斯準備下水儀式。同行的有三個朋友，一個是羅曼，另外兩個是經驗豐富的水手吉吉和艾蒂安。雖然我在水上和風帆板上都如魚得水，但駕駛帆船卻一竅不通，因此要把船開回北布列塔尼，絕對不能沒有這群朋友的協助。

十二月中旬，我們在惡劣的天候中啟航，但我們並不害怕，因為至少可以在實際環境中測試這艘船。

從馬堤古斯前往布列塔尼並不容易，你需要沿著西班牙海岸下行到地中海，經過直布羅陀海峽南部，然後沿著葡萄牙海岸北上，最後穿越比斯開灣。在兩次靠港期間，我們感受到地中海跨年慶祝的魔力。行經直布羅陀之後，情況開始變得棘手。吉吉和艾蒂安必須返回家中，所以他們在通過海峽後的卡迪斯（Cadix）下船。羅曼和我表現出自信滿滿，但其實心裡非常不安。

經過十天的艱苦航行，我們終於在一月中旬抵達加利西亞（Galice），簡直累翻了。天氣惡劣加上我們缺乏經驗，使得情況變十分得危險。我們甚至一度以為必須棄船，因為它開始進水，而我們卻不知道問題出在哪裡！和我一樣是航海新手的羅曼大喊：

「船要沉了，要沉了！」我們打消穿越比斯開灣的念頭，因為那裡向來以狂風暴雨和滔天巨浪而聞名。我們筋疲力盡，而且我身無分文。於是，我們決定把船留在西班牙，然後各自返家；羅曼回到安錫，我回到巴黎，我姐瓦倫婷可以收留我。我需要錢，所以當起了窗戶銷售員。我是在網站Le Bon Coin上找到這份工作。求人廣告上寫著「招聘業務，薪水豐厚」。我抓住了這個機會！薪水是以佣金支付，而我當時幹勁十足，很快就成了店裡的王牌銷售員。我確信，只要我願意，換掉凡爾賽宮的所有窗戶都不成問題！

五個月後，我補足了身上的盤纏，天氣也終於好轉。我和一位兒時友人再次啟程前往西班牙，最終成功將帆船安全帶回伊維內克。

還好我對這艘船很有信心，因為這是一趟非常顛簸的航行！雖然是夏天，我們卻遭遇了六公尺高的大浪。沒多久電池就出了問題。抵達布列塔尼時，引擎壞了，甚至無法開啟GPS！經過七島群島附近時是個無月的黑夜，我們簡直嚇壞了！洋流非常強勁，與其說是前進，我們更像是隨波逐流。天亮時，船隻幾乎擱淺在礁石上。漲潮、海風和洋流把我們拉回東邊，朝我的島嶼前進，並在傍晚時靠岸。抵達時，我們感到非常高興。我們停泊在伊維內克的我家門前。那是七月五日，我感到自豪，感到開心。

伊維內克，世界上最美麗的地方。在這座島上，只有一棟房子，那就是我和我家人住的地方。法國本土離我們不遠，當海水退去時只相距一公里，但無法步行到達。漲潮時，整個小島上就只有我們。我永遠看不膩環繞家鄉的小島，那有如月球般的奇幻景致。隨著潮汐和季節變換，景色也隨之改變。光線從來不會相同，就像每晚伴我們入眠的海浪聲一樣。大海一直是我的遊樂場，無論天氣如何，我總是在戶外。我們有幾艘小船，我會駕駛它們出海放置捕蟹籠和釣魚。我早上五點起床，日落時回家。我每天可以在海上待十幾個小時。四、五歲時，我已經開始用木棧板建造木筏……必須說，我父親對我完全信任。常有人怪他給我太多自由，尤其是在暴風雨來臨沒有船隻出海時，我的姐妹們會生氣地說：「你瘋了，他會死的，你會後悔一輩子。」父親卻不為所動，讓我隨心所欲。而我，如果必須去打撈我的龍蝦籠，即使風再大，我也不在乎！我從來不會離海岸太遠，最壞的情況，我可以游回來。當我不釣魚時，我會衝浪，玩風帆衝浪、風箏衝浪、自由潛水。我是個海上過動兒。而且無論夏天還是冬天，我都穿著T恤、短褲，光著腳丫。大家都叫我「光腳小島人」！每次去看醫生或是去超市的時候，我常說是有人偷了我的鞋子。我記得有年冬天非常冷，小船裡結了冰，我直接用腳後跟把冰敲碎。我會跳進攝氏七度的水中，沒有任何東西可以阻攔我，無論是恐懼、風還是寒冷。

伊維內克塑造了我的一切；這座島嶼使我成為一位孤獨者，一個執著的人，一個熱愛大海的人，就像我父親一樣。

他和我母親離婚後，希望住在伊維內克，這是他兒時的夢想。他熱愛帆船，曾有兩次組隊橫渡大西洋。遺憾的是，我很少有機會和他一起出海。但我小時候，父親會跟我說起他的旅程，而我會對他說：「總有一天，你和我會一起出發，環遊世界！」我經常翻閱他放在客廳裡那些因時間泛黃、受潮捲曲的舊相本。我喜歡讓思緒隨著他生動描述的海洋神遊，心裡想著，總有一天我也會去航行。

整個夏天我都在忙著整修船隻，有時朋友會來幫忙。我下定決心在八月底啟航。為了能夠準時出發，還有很多工作要做，但我從不害怕工作，除了課業之外。學校和我似乎八字不合，儘管如此我還是讀過很多所學校——確切說是十三所！遍及在蓬特里厄（Pontrieux）、布雷斯特（Brest）、聖布里厄（Saint-Brieuc）、潘波勒（Paimpol）、巴黎……甚至是伊維內克！高二時，我在潘波勒就讀，實在受夠了，我告訴父親：「我不念了。」絕望之下，他把我帶回伊維內克，請來老師給我上家教！我當時十六歲，渴望學習生活。對我來說，生活不在教科書裡。老師們很快就明白我沒有什麼可學的，他們非常善解人意，我們不上課，而是談論冒險和大海，只要父親一離開，我就帶他們去釣魚，他們開心極了！隔年，父母幫我註冊聖布里厄高三班。無聊死了！我整天看著窗外，計算著潮汐時間，想著我的捕蟹籠。一月，我滿十八歲，我開始認真思考。「你現在是高三，明年就得參加高中畢業會考。然後呢？會考通過也沒什麼用，還得繼續念下去。那要念什麼呢？而且畢業之後呢？在辦公室找份工作，然後就這樣度過四十幾年？」如果進入這個體系，人生肯定沒多少可能性，然而遠行——尤其是自由地遠行，一直在召喚著我……

我想駕船航行，但首先需要錢。於是我放棄了一切：我的島嶼、家人、學業，以及舒適規律的生活。

我賣掉摩托車，買了一張前往澳大利亞的機票、一本法英詞典、一本《孤獨星球》指南，然後拋下一切，身上只有兩百歐元。

全家人都極力勸阻我，我卻回答說想出國看看世界，學習英語。

當然，我大可以選擇英國或愛爾蘭，但它們太近了。我渴望著遠走高飛，想看看袋鼠、鴨嘴獸和無尾熊，夢想在太平洋和印度洋的海浪裡衝浪。

於是，我就這樣帶著兩百歐元和五個英語單字前往澳洲，當地也沒有人接應我，這可不是件容易的事，甚至連向來很支持我的父親也感到驚訝：「我不懂，你才剛滿十八歲，有自己的公寓，一輛摩托車，你想要的一切……」是的，但我卻要放下這種輕鬆舒適的生活，到世界的盡頭流浪。

我在這裡說的「流浪」，並不是一種比喻：抵達雪梨的頭幾天，我睡在人行道上，被爬到身上的老鼠吵醒。我只能等待黎明到來，再重新做回一個正常人。

在出發前，大家都想給我一些聯絡人的方式，但我想自力更生，掂掂自己有多少能耐。

沒多久我就離開城市，深入內陸。書上寫著現在是採摘水果的季節，我的直覺是對的：我找到了採摘蘋果、西瓜和葡萄的工作。

我用第一筆收入買了一輛自行車，穿越整個西南澳地區。我主要都是靠燕麥片和奶粉果腹。賺到的每一分錢都很重要，每一分錢都讓我離我的船更近了。

一路上，我做過泳池清潔工、園丁、服務生、潛水員……最後抵達卡納芬（Carnarvon）。有些年輕人告訴我：「你可以掉頭了，這裡沒有工作。」

他們真的認真找過了嗎？

在港口散步時，我和幾位船長聊了起來。其中一位船長很生氣，船員中有人沒到。

他問我說：

「你有在捕蝦船上工作過的經驗嗎？」

「當然有！我在法國就是做這個的。」

「好，你可以上船，三十分鐘後出發，這次出海要好幾個禮拜。」

原本只打算出海三週，結果我待了一個多月。船長很快就明白這不是我的本行，但他還是願意教我。我在鯊魚肆虐的海域裡拚命幹活，每天將近二十個小時，分揀台上滿是有毒的魚種和海蛇。

有一天我差點失去一條腿，還有一次我甚至被一隻巨大的海星給打昏。但這些都不要緊，我願意做任何事——只為了買下一艘帆船，去探索世界。

我打算在八月底啟程，離開我的島嶼，但是船隻的維修清單沒完沒了；之前穿越比斯開灣時受損太嚴重了。我必須檢修引擎，船帆的狀況比我想像的還糟。為了讓帆船能在退潮時保持直立，我用支柱加以支撐，但有好幾次都發現船身依舊側躺，支柱還是斷了。

有天早上，帆船在漲潮時下錨，我注意到它的吃水線很低。這又是怎麼回事？整個舢板都浮在水上！海水經由引擎的填料函滲了進來，電池泡在水中冒出灰色煙霧，進而引發短路。酸液蔓延到船上，部分電子設備受損，需要花錢才能修補損失，但現在已經是九月了。

我決定十一月底再出發。現在只需要徹底清潔船隻，並準備好海上所需的一個月物資。我時間不夠了。出發前，我打算把船體重新漆成白色和代表希望的綠色。這艘船當然會被叫做「伊維內克號」（Yvinec），就好像我帶著小島的一部分同行——還有畫家暨航海家的伊馮・勒寇爾（Yvon Le Corre）為我創作了模版噴畫。

仔細檢查船體時，我發現一些小鏽蝕。有個對此很了解的朋友要我別擔心：「這需要處理一下。首先刮掉，然後進行噴砂，並在上漆前塗上防汙漆……這需要花點時間完成，但沒什麼大不了的。」

我決定盡快處理這個問題，按照他的建議使用錘子和金屬刷。我輕輕敲掉生鏽的部分，然後用金屬刷刨刮，直到露出船體的鋼材。突然間，一股水柱噴到我的臉上。

我竟然在自己的船上開了一個洞！

我氣瘋了！為了這艘該死的帆船付出這麼多的心血，我一心一意投入，結果在出發前十天發現船體破了個洞！

但我絕不可能重頭開始。我用螺絲和Sikaflex密封膠把洞補好，確保海水不會再滲入，然後小心翼翼再次敲打——然後，噗！一道、二道、三道水柱！場面徹底失控，我又打了電話給那個朋友。

他人到的時候還在取笑我。但當看到那些破洞和鏽斑時，他笑不出來了。事實上，有些地方的鋼板幾乎和捲菸紙一樣薄；鏽蝕早已蔓延開來。

「吉雷克，你不能這樣出海。這是一個大工程，你的船已經鏽到骨子裡了，必須徹底翻修才行。」

豈有此理！我輟學三年，一年前買了這艘船，四個月來一直在修船，準備這次單人橫渡大西洋的處女航。我把所有的精力和積蓄都投入其中，投資在必要的設備、衣服和食物上，結果卻只能望海興嘆了嗎?!

我原以為買到的是一艘狀況良好的船，結果卻發現它是一艘漏水船，一個完全腐爛的空殼。我不怪之前的船主，他們自己買的也是一艘重新粉刷過的泡水船，加上他們很少出海，所以沒有意識到問題的嚴重程度。

如果我理智一點，我會等到有能力進行這個浩大工程時再說。六個月對我來說不算什麼。我可以回巴黎賣窗戶，等有足夠的錢再說。

但是延後出發？又來一次？而且要等多久？徹底翻新船體？我沒錢！駕駛一艘破船單人航行完全是不理智的做法，但是話說回來，單人出海本身難道就是明智之舉嗎？如果碰到第一個難題就開始懷疑，便什麼也成就不了。**我們總能找到一個不出發的好藉口，總有些地方不對勁，總有上千個小細節需要完善，儘管我們以為已經完成了**——無所謂，幾個可憐的小破洞也不會讓我沉沒。

於是，我重新填補破洞，焊了幾個地方，然後揚帆啟航。為了以防萬一，我還帶上了電焊機。

2

十一月底，我匆忙啟航，船體只有一側漆上「Yvinec」的綠色字樣，連兩邊都上字的時間也沒有。我帶了模板和油漆罐，決定在第一個停靠港解決這個問題。任何一個水手看到我的小船都會對我說：「你真是瘋了，別這麼做，這太魯莽了！」說的沒錯。但人生苦短，不容後悔。**過度預測毫無意義，只會阻礙你前進，不如等到麻煩來了再去面對。**

在上船之前，我還有一件最重要的事情要做：讓我的家人安心。其實為了所有人好，我一直對計劃的內容含糊其辭。

關於我的目標，我還沒有告訴任何人。其實不只像我跟別人說的「環遊世界」，我還要去世界的盡頭，航向地球的最頂點，那個很少有人冒險前往的地方，在廣袤無垠的白色風景中體驗真正的孤獨。這種渴望從何而來？是誰給了我這樣的想法？也許是我曾看過的一篇報導，聽過的一段經歷，讀過了什麼東西，我不記得了。但有一件事是肯定的，我夢想看到北極熊，赤手觸摸冰山，並在冰層中航行。

我對爸媽說：「我要橫渡大西洋，如果感覺不錯的話，我就繼續下去。」光是這個想法就令他們非常擔心。我的經驗不足，帆船也處處鏽蝕，所以關於我的冰層夢，我隻字未提。再說我也不是很有把握，萬一我失敗了怎麼辦？

「如果在汪洋大海中出了什麼事，你怎麼辦？」

「別擔心，我裝備齊全。」才怪，我什麼都沒有，除了一台老舊的無線電（ＶＨＦ），可以讓我聯絡其他船隻（但它沒什麼覆蓋率），還有一套舊的ＧＰＳ。除此之外，我沒有航標，太貴了。至於信號彈，在茫茫大海中，它們毫無用處，除非有幸遇到一艘貨船，否則沒有人會注意到它們。

為了讓父母放心，我半安慰地說：「如果兩個月後沒有收到我任何消息，你們再開始擔心也不遲。」

我沒有單獨航行的經驗。從法國到安地列斯群島的傳統路線，是從亞速爾高壓（les Açores）的南部經過，到達加納利群島（les Canaries），然後再到維德角（le Cap-Vert），以便進入信風帶。信風是由東向西吹、溫暖有力的風。由於我完全不是經驗豐富的水手，所以決定不另闢蹊徑，而是遵循這條傳統航線。

出發前一天，我還得打電話給我的朋友侯曼，請他重新說明該如何定位，如何在海圖上計算經度和緯度。如果只有這件事情需要煩惱就好了……不過不管怎樣，**我有決心，我有渴望，我不害怕。我會在航行途中學習，一邊做一邊學**。我向來更喜歡實踐而不是理論，總是跟著直覺走。我寄望我的幸運星。也許我瘋了，但我對人生充滿信心。

3

至於引擎，它真是讓我吃足了苦頭，我甚至考慮乾脆不要帶它出發！船帆的狀況還可以。我更換了電池和風力發電機。導航方面，我有紙本海圖和iPad上的電子海圖。工具的話，我應該能夠應付任何情況所需要的船隻維修。我裝備齊全，這讓我感到放心。我帶上了所有的個人物品：糧食、衣物、風帆板、槳板、風帆、桅杆、風箏板、潛水設備、衝浪板、壓縮機、發電機，還有那台電焊機……等等。我的船塞滿了東西，就像是間超市或是一家衝浪用品店！

沒想到，這麼小的帆船竟然能裝下這麼多東西，實在很不可思議！唯一的問題是，當需要找東西的時候，我得具備過人的耐心，因為必須把所有東西都拿出來，然後再將它們放回去！

技術上來說，「伊維內克號」是一艘有壓艙作用的活動龍骨帆船。這類單體帆船因其可升降的「活動龍骨」而得名。我的小龍骨叫做「鮭魚」，這與固定龍骨的帆船有很大的不同，它們通常吃水很深，在海上的穩定性更好，逆風航行能力更強。

但「伊維內克」是一艘可以在淺水區航行的船，而且可以在升起活動龍骨後停在淺灘上，把船錨放下，裝上支架，就不必擔心潮汐的問題了。

出發前幾天，爸媽分別給我帶了些基本糧食：奶油、麥片、罐頭、牛奶、優格、鱈魚肝……一堆食物。我還自己去特雷吉耶（Tréguier）市場多買了一些東西：香腸、可口的肉醬、乳酪等等。而且就在出海前，我吃了一塊可麗餅，享用我在布列塔尼的最後一道美食！

我希望獨自啟航，不要有人在場，這也是我的願望。《西部法蘭西》日報的一位記者想寫一篇關於「在地小子」航海計劃的報導，但我告訴他我不想被注意。我心想：「連要去哪裡我都不知道，對此毫無頭緒。拜託，什麼都別寫！」我想要保持低調。我發動引擎，讓它運轉一會兒，聽著它發出嗡嗡聲，「伊維內克」開始緩緩駛離碼頭，進入裘迪河（Le Jaudy）。

特雷吉耶港位於內陸，要到達開闊的海域，需要沿著這條小河道逆流而上約四十分鐘。

裘迪河沿岸的景色我永遠看不膩。金黃色的沙灘小灣與樹林交替浮現，林中棲息著各種鳥類。我行經由粉色花崗岩和板岩建成的凱斯特里克城堡（Kestellic），棕櫚樹高處守望，然後來到了黃色岩石環繞的地獄灣（baie de l'Enfer）。即將抵達波爾斯希爾港（Pors Hir）時，一隻海豚迎面而來——我要航向公海了！在伊維內克島的盡頭，我看到父親在溝壑岩（rocher du Gouffre）上向我揮手。我覺得很驕傲，既感動又幸福。終於，我出發了！爸爸，再見！

突然間，引擎熄火。這是在開玩笑嗎？不是，這是個嚴重的問題。控制引擎加速和熄火的零件壞了。這事非同小可，我離開港口才一個小時，船隻就拋錨了！

我拿出發電機和焊接設備，沒想到這麼快就派上用場。開始工作吧！我對焊接還很生疏，但成果看起來還不錯。我重新發動引擎，繼續前進。

但同樣的問題再次出現，一次，兩次。我不厭其煩地進行焊接，嘗試改進我的技術。最後因為求好心且，我被切割機割傷了手指和指甲，當場感受到錐心的疼痛！傷口很深，我用酒精消毒。

夜幕降臨，這是我獨自航行的第一個夜晚！午夜前不久，海風吹起，我揚起帆，關掉引擎。「伊維內克」襯著月光，在寂靜的大海中航行。

漸漸地，風力增強，小浪開始湧現。陣風吹起，搖晃著船身。黎明時分，我發現自調航向儀的葉片不翼而飛……自航儀是種全手動的裝置，依靠風力運作，沒有任何電子元件，這也是它可靠的地方。它可以根據「視風」保持航向。過去自動駕駛儀還不存在的時候，每位航海家都有一個自調航向儀。即使在今天，大多數的旅行船，除了高速賽艇之外，都會配備自航儀。它比自動駕駛儀更理解海洋，也更貼近自然。最理想的情況是同時擁有兩者，「伊維內克號」也是如此——但這指的是在今晚之前……

我必須在西班牙停靠修理，然後再前往安地列斯群島。我想應該能夠依靠自動駕駛儀抵達西班牙——嗯，至少帆船在菲尼斯泰爾外海拋錨前我是這麼想的。自動駕駛儀解放了航海生活，可以讓人不必一直守候在舵邊，這對於休息和吃飯非常重要。只需選定一個航向，按下「自動」，船隻就不會偏離，就這麼簡單。但現在，就算我生性樂觀，是那種「沒有什麼問題無法解決」的人，情況也十分棘手，我必須盡快想出辦法。

該怎麼辦呢？

沒了導航輔助，我必須手動掌舵，但可能無法航行太遠。現在我人差不多在布列塔尼和西班牙之間的航道上，已經行經韋桑島（Ouessant）、奧迪耶訥灣（baie d'Audierne）和潘馬克角（pointe de Penmarc'h），大概在孔卡爾諾（Concarneau）以南五十或一百海里處。該怎麼做呢？是冒險進入比斯開灣，開著一艘破船面對海上的顛簸和巨浪？還是返回菲尼斯泰爾？這次我得理智一點。我決定返回布列塔尼，把破損的地方全部修好，然後帶著合格裝備重新出發。

我把船身掉頭，掌著舵，把航向定為東北方，朝著菲尼斯泰爾南部前進。當我靠岸時，天色一片漆黑。掌舵三十個小時，我累壞了。

經過一夜好眠，一杯熱巧克力和一碗麥片之後，我在森林港（Port-la-Forêt）踏上了陸地。

森林港是航海好手的天堂。港口寬闊，有一千多個泊位，這裡也是遠洋船賽的訓練中心，帆船手們稱其為「瘋子谷」（la vallée des fous）。頂尖好手都曾在這裡訓練，包括兩屆「旺代環球帆船賽」[1]冠軍米歇爾・德喬亞克斯（Michel Desjoyeaux），還有文森特・里烏（Vincent Riou）、阿梅爾・勒克萊什（Armel Le Cléac'h）等人，他們都是航海界中的翹楚。

在這裡，我很順利就找到一位船用電子設備專家。他們檢查的結果毫無妥協餘地；我必須安裝一個更耐用的自動駕駛儀，零件費四千八百歐元，人工安裝費五百歐元。我身上一毛錢也沒有，必須想辦法支付這筆費用。一直到現在，打從澳洲開始，我都是靠著打零工養活自己。我自尊心很強，一概拒絕別人

1 旺代環球帆船賽（Vendée Globe），創立於一九八九年的全球頂級航海賽。賽事要求選手單人駕駛帆船，不得中途停靠、無外援和補給，從法國旺代省出發。

向我伸出援手。我很幸運生長在一個還算富裕的家庭，但我不想佔便宜。不過，這一次我別無選擇。為了賺到六千歐元，我勢必得將計劃推遲好幾個月，這對我的自尊心來說是更嚴重的打擊。所以這是第一次，希望也是最後一次，我決定接受大姐諾爾雯的幫忙；她如同我的第二個母親，從小她就非常照顧我。

「伊維內克」靠港一週進行修理。我利用這段時間修補了一些東西，同時安裝一枚小型ＡＩＳ（船舶自動識別系統）接收器，這能讓我識別其他配備ＡＩＳ的船隻並避免碰撞。我修好了電路板燒壞的冰箱。最重要的是，我還修好了發電機，這樣引擎就可以像汽車一樣為電池充電。在所有離岸賽中，比如旺代環球帆船賽或蘭姆酒之路（Route du Rhum）帆船賽，航海者只使用引擎來充電，當然此時船隻必須保持在空檔，因為如果掛檔，無論前進還是後退，選手就會立即受到裁罰。總之，這對遠洋航行來說必不可少，我應該從一開始就想到這一點。

我還在艙底泵上安裝了浮球開關，只要有水進入船內，它就會自動啟動抽水，這在船隻無人照看的情況下非常方便，畢竟每個水手都怕發現自己的船正在沉沒。關於這一點，我之前也沒想到……

總之，當時我的帆船隨時都有可能失去電力，然後沉沒！

我在港口待了幾天，一位名叫阿濟茲的記者來找我。我們聊得很投機，我同意他撰寫關於我的第一篇報導，他問了我很多問題。幾天後，我打開《西部法蘭西》，簡直不敢相信，我的船和我豎起大拇指的合影竟然佔了半版的篇幅：

吉雷克·蘇德挑戰環球航行

吉雷克·蘇德即將駕駛「伊維內克號」帆船進行單人環球航行。他原本從阿摩爾濱海省出發，但因為船隻需要修理，使得他不得不停靠在康沃爾（Cornouaille）。他正在等待「順風」，準備再次啟航。

沒有任何事物可以阻攔吉雷克·蘇德。這位二十一歲的布列塔尼年輕人，腦子裡一旦有了想法，誰都無法阻止他……

在報紙上看到自己還挺好玩的。當我走進常去的港口咖啡館時，有好多人過來跟我說話：

「嘿，吉雷克，真佩服你！你的計劃太棒了，真了不起！」

他們靠在吧檯上圍著我，我知道他們把我當成了一個偉大的水手，但其實我不是。我覺得尷尬，微笑著，有點難為情——更糟的是，我其實有很多問題想請教他們，但是這篇報導刊出之後，他們應該會覺得我真愛說笑。

一星期後，「伊維內克號」已經準備就緒，而我的錢包已經完全見底。離開森林港的時候到了，我向我的新朋友道別。再見了，大夥兒，偉大的水手要繼續他的環球之旅！他揚帆啟航，前往……布列卡尼的孔卡爾諾——唉，實際上，是該找份工作了，再說，惡劣的天氣也讓我無法走得太遠。

4

自從把「伊維內克」停泊在孔卡爾諾的舊港以後，我就覺得非常自在，我的碼頭鄰居麥克和艾文很快就接納了我。他們帶我一起捕魚，讓我能賺點外快。昨天，我們去收龍蝦籠，還有一些沾滿海藻的蜘蛛蟹網，我們花了很長時間才清理乾淨。沒和他們一起捕魚時，他們也會和我分享鱈魚、麵包蟹、蜘蛛蟹和海螯蝦。雖然生活很美好，但我不能逗留太久，不過天候實在太糟了，讓我沒辦法啟程。

這裡的港口到處都是像我這樣的航海迷，彼此形成了一個大家庭，就算是陌生人也能侃侃而談，然後發現許多共同點。像奧利維，他有一艘漂亮的雙桅帆船，本身在歐洲最好的帆船學校「格倫南」（les Glénans）教課。這個人可不是省油的燈，當他發現我只有業餘水準時，便開始訓斥我：「你竟然想獨自穿越比斯開灣！你有沒有搞錯啊！你有考慮到天氣嗎？現在是冬天耶，吉雷克！」我有些尷尬地低聲回答，同時也像是為了讓自己安心：「可是……不會的，不會有問題的……」他肯定覺得我是個瘋子，一個不知天高地厚的屁孩！奧利維還介紹我認識查維耶，這個人準備駕著他的「費加洛號」，展開環遊世界的旅程。我們三人分享彼此對遠洋航行的熱情，一起準備面對比斯開灣的挑戰，然後朝著安地列斯群島前進。

有一天，我認識了「極地之下探險隊」（Under The Pole Expeditions），他們正在為「懷伊號」（Why）探險帆船做最後的準備。這艘二十公尺長的帆船即將啟程前往遙遠的北方，能遇見他們實在太幸運了。他們計劃在一月份啟航前往格陵蘭，進行為期二十一個月的探險。身為極地潛水和水下攝影的專家，他們擁有頂級的裝備：氧氣瓶、壓縮機、增壓器、發電機、顯微鏡、相機、攝影機等，帆船上也配備了最先進的科技。他們的計劃包括科學觀測，以及在冰層上和冰層下進行長達五個月的越冬，並潛入超過一百公尺的深度，這將是空前的創舉。

在探險隊出發前的三個星期裡，我從旁協助他們，大家沒日沒夜地工作。我和吉斯蘭、艾曼紐、羅賓（他們的小兒子）以及卡亞克（他們的狗）一起相處了一段時間，他們是「懷伊號」的負責人和船東。還有盧卡斯、皮耶、東尼、亞歷克西、塞德里克、西爾萬、羅蘭、普莉希拉和許多其他人。

我和這些人一起度過了聖誕節和新年。家人知道我在孔卡爾諾，很希望我能回伊維內克過節，但我的心早已啟程了。

一月十六日即將來臨，探險隊的帆船已經準備就緒。船上有八個人一起航行到格陵蘭，他們對我說：「來吧，吉雷克，跟我們一起走，我們帶你過去！」見我有點猶豫，他們接著說：「別猶豫了，來吧！」當然，我很心動——好吧，只有一點點。畢竟我付出了這麼多努力才走到這一步，即使沒走多遠，我也不會放棄。而且我想繼續獨自航行，這是我的計劃，所以我開玩笑地對他們說：「我們格陵蘭見！」

但現在談冰層或越冬都還太早。天氣晴朗，海象預報風平浪靜，我揚帆啟航的時候到了，也祝福「懷伊號」船員們一路順風！

5

一月十六日，我離開康卡爾諾。我並不是一個人，至少不完全是；有另外兩艘帆船和「伊維內克號」同時啟航，分別是奧利維的雙桅帆船和查維耶的「費加洛號」。雖然彼此作伴的時間不長，但是看到身邊有友船為伴還是非常愉快。七十二個小時之後，我就不得不放棄跟隨他們。也許我應該聽從奧利維的忠告，但我就是固執。兩個人要應付比斯開灣就已經很辛苦了，獨自一人更是自討苦吃！而且我凍壞了，冷雨全程打在我身上。我原本以為可以直接航行到西班牙的拉科魯尼亞（La Corogne），但是我太樂觀了。經過了三天大浪和五級、有時甚至是六級的強風，我不得不在距離目的地北方八十海里的地方停下來，落腳在加利西亞的里瓦德奧（Ribadeo）。

在漆黑的夜晚停泊「伊維內克號」時，我感到有些頭昏腦脹。我沒怎麼睡，顛簸的航行讓人很不舒服，我很慶幸能夠停下來休息。更別提在靠近海岸時，我還驚險誤入淺灘。我得承認，在判讀海圖方面我還不夠熟練……這時，巨大海浪重重拍打在淺灘上，湧浪發出可怕的轟鳴。「伊維內克」在巨浪下如無主孤舟，我感到非常不安。

然而令我感到又驚又喜的是，我竟然在這裡遇到了查維耶！他也被迫放棄前往拉科魯尼亞的計劃。我們在里瓦德奧待了幾天，然後再次啟航。這一次，我打算迅速南下。航行幾海里後，我不得不在拉科魯尼亞停靠，因為天氣即將轉壞，無法繼續航行。運氣真是夠背了！

在碼頭待了幾天後，有天早上我醒來，從船尾的窗口處探出頭，看到一艘氣派的帆船就停在「伊維內克號」旁邊。一位女孩正在甲板上忙進忙出，我不知道她在做什麼，但顯然她遇到了一些麻煩。我穿上T恤，跳上碼頭。「嗨，我是吉雷克！」

她叫亞莉珊卓，這是父親留給她的船，一艘有近百年歷史的老帆船，全部由木頭打造。太美了！我順手幫了她一把，她看到我似乎很懂船，顯然很感興趣，便開口問我：

「你能幫我嗎？我船上有一些工作要做。」

太好了！我有工作了！沒想到這些惡劣天氣還是有可取之處：我認識了一個很棒的女孩，可以賺些外快修理我的帆船，在附近的超市購買補給品，同時享用西班牙下酒菜。

在拉科魯尼亞待了一個月後，天氣終於好轉。我帶著一千歐元的微薄積蓄，準備再次啟程。除了工資外，亞莉珊卓還送我一套帥氣的航海服以表示謝意。

一個看起來很友善的傢伙注視我完成所有的檢查。

「準備出發了嗎？」

我們互相介紹。他是凱文，然後指著他的女友說，她是露西。今天兩人準備開著他們那艘叫「慕絲」的「Gin Fizz」（琴費士）單體帆船重新啟航，我們走的是同一條航線。

「該走了，現在正是時候！不要離海岸太近，那裡沒有風，我們得往外海走。」是嗎？他們在說什麼？為什麼他們想去外海？為什麼要多繞一圈？後來我才明白這一切的用意。但是此時此刻，我心想：「好吧，如果他們爽，想怎麼做就去做吧……」

最後，我們決定在葡萄牙的佩尼切（Peniche）碰頭。

我順利通過了菲尼斯特雷角（Le cap Finisterre），在穆羅斯（Muros）短暫停留進行小修，然後快速駛向會合地點。

從穆羅斯開始，航行變得毫不費力，前進速度平均有五到六節。大海很美，風力適中，一路上都有海豚在帆船四周圍跳躍。我已經很久沒有感到如此平靜了。

當我抵達佩尼切港時，太陽還沒有升起。我喜歡在夜晚抵達港口，你可以從很遠的地方看到燈火閃爍。它們看起來離你很近，你會想「太好了，我到了！」但實際上還需要航行好幾個小時，才能到達第一個浮標。最後，你進入航道，讓右舷的綠燈和左舷的紅燈指引你，**在寂靜的夜晚中滑行。沒有人留意你，你可以犯錯，也沒有人會評判你。只有你自己，你的船、大海和星星。**

6

離開佩尼切後，我計劃駛離摩洛哥海岸，經過直布羅陀海峽前往馬德拉島（Madère）。這不是條容易的航線，因為交通十分繁忙，必須非常小心才行。但根據天氣預報來看，如果我從佩尼切直線航行，沿途將不會有任何一絲助行的風，而到外海去尋求風力也並非總是行得通。

原本以為五、六天就能到達目的地。結果，第一天晚上風稍微颳了一下，但到了今天早上風就停了。我不想啟動引擎，因為它會汙染環境、製造噪音而且燒錢。值得稱許的是，陽光露臉，氣溫達到攝氏十六度。我設置了自調航向儀，「伊維內克號」可以自行前進；並且閉上眼睛，讓自己隨波逐流。

趁著四下寂靜，我爬上了桅杆，上面的海景真是壯觀！我像個孩子一樣大喊大叫，向大海大聲傾訴愛意，大笑大喊，直到喉嚨嘶啞為止。除了海鷗和海豚，沒有人能聽見我，這令我痛快極了。我精力過剩，需要發洩一下；我同時也沒忘記要很小心。在距離甲板十三公尺的高空上，船身搖晃得非常厲害，只要一不留神，人就會掉下去。通常如果沒有安全措施最好不要隨意攀爬。在汪洋中，沒有人會來救我……這時我立刻清醒過來，抓住一切能抓住的東西，包括繩索、梯子……不過話說回來，待在甲板上也不錯。

雖然順風，但風勢仍然十分微弱。在佩尼切，凱文和露西給了我很多航行的建議，特別是如何善用我的前帆撐杆，讓我的船帆呈剪刀狀交錯而不至於消風。這有利於在風不大的時候，幫助船行更加順利。

以三節速度航行的唯一好處，在於這也是拖釣的理想速度。今晚我想吃魚，換換口味，不想再吃罐頭食品了。我認真準備釣線，固定好魚餌，拋出去，靜待獵物上鉤！

在等待晚餐上鉤的同時，我下到廚房準備做一份義大利培根蛋麵。從小廚房的舷窗望出去，水天一線的景色美極了。我端著麵回到甲板上，又開始自言自語：「太好了，露台上有空位！我坐在這裡不會打擾任何人吧？」我咧嘴一笑，坐在陽光下，直接用叉子從鍋裡吃麵。也許這不太優雅，但至少麵條還是熱的。一邊吃，我一邊留意著釣線。一點動靜也沒有。魚都去哪兒了？該做的我明明都做了……但是看來沒用，我又得吃麵了！風還是遲遲沒有來……

現在是名副其實的風平浪靜。我看了一眼速度計，三點二節。我已經順風航行了二十多個小時，卻沒有任何進展。看來我到馬德拉島要花上十天，而不是五天。我感到沮喪，索性關掉了速度計。

在地圖上查看一下現在的位置，我已經通過直布羅陀海峽，距離摩洛哥海岸大約兩百海里。GPS顯示我會在四天又十八小時後抵達馬德拉島，但不久前它的顯示結果是四天又五小時。時間一直在變，這就是帆船航行：你知道什麼時候出發，但永遠不知道什麼時候抵達。

當我終於看到葡萄牙的豐沙爾（Funchal）時，簡直喜出望外。三月初，港口擠滿了船，一個空位也沒有。我不得不停泊在海灣外側。本來不想這樣，因為海況很差，錨地也不穩定，但從省錢的角度來看，這也不是件壞事。我省下了泊位費，把錢花在勉強能喝的水、勉強夠熱的洗澡水和衛生差強人意的廁所上——但坦白說，這些都不是最要緊的事！

凱文和露西已經等了我幾天，沒多久我也看到了查維耶的「費加洛號」！雖然沒能一同航行，但至少我們距離彼此不遠。我們四人在露西和凱文的琴費士帆船上共進晚餐。我帶來了前一天釣到的鮪魚，我們做了一道美味無比的生魚料理！

這裡有很多地方可以散步，是一個理想的停靠地點。我多次到高處遊覽，雖然斜坡陡峭，佈滿沙子，但開滿鮮花的小徑提供了絕佳視野，能夠俯瞰這座環海城市。每天晚上，我會乘小艇回到「伊維內克號」。早上醒來時，眼前的美景每每令我驚嘆不已。這是錨泊的另一個好處，可以凝視陸地風光。我一邊吃著巧克力麥片，一邊欣賞著如畫風景。

我再次啟程，目標是西班牙的加納利群島，這是橫渡大西洋前的最後一站！

在離開馬德拉群島之前，我在南邊不到一百五十海里的荒島大薩爾瓦任島（Selvagem Grande）停留了一下。因為這裡是自然保護區，需要豐沙爾當局的「參觀許可」。島上居民是兩位看守員，傑克和卡洛斯、他們的狗薩爾瓦任、一群地中海僧海豹，以及成千上萬隻保育類禽鳥灰鸌，岩石上就連最小的洞穴裡都可以看到鳥巢和一隻雛鳥。

傑克和卡洛斯熱情接待我。他們帶我參觀了島上的每個角落，用自己栽種的食物招待我，甚至教我做麵包！

有天早上，我帶卡洛斯嘗試水肺潛水，這是他的第一次。在這片被譽為世界上最乾淨的水域中，由於禁止捕魚所以很少有人造訪，因此景色令人大開眼界，有海鰻、海葵、海星、梭子魚、狗魚……牠們毫不畏懼地靠上來，我們甚至還遇到一條巨大的鮪魚……這段時光真是太美好了。從小無論是自由潛水、浮潛還是水肺潛水，我都喜歡待在水下，在另一個安靜的世界裡漂浮，有點像在太空……或至少是我想像中的太空。

由於主人非常熱情好客，我又多留了四天！在我離開前，他們送給我十公斤自製的粗鹽，用來保存我在路上釣到的漁獲。我希望他們的禮物能給我帶來好運。最後，我依依不捨地向兩人道別。要住在這個與世隔絕的燈塔裡，必須非常熱愛孤獨，但他們看起來非常幸福。和往常一樣，在經歷航海界一貫短暫且深刻的相遇之後，我心裡明白應該不會再見到傑克和卡洛斯了。

我向南航行，前往加納利群島的蘭薩羅特島（Lanzarote），距離薩爾瓦任大島不到一百海里。海風再次缺席了。我被迫改變航向，經過十二小時平靜的航行之後，看到了特內里費島。帆船駛入聖克魯斯港（Santa Cruz），它是島上最大的城市。

我利用這次靠岸補充物資，庫存也堆到了天花板。為了在不停靠的情況下一路航向安地列斯群島，我簡直要把超市洗劫一空。根據風向，航程可能需要三週甚至是一個多月的時間。在整理物資時，我認識了喬納斯，一個正在環遊世界的法國年輕人，他正在尋找「搭便船」的機會前往加勒比海。我們一見如故，我告訴他這是一次我想獨自經歷的冒險，這對我來說很重要。他表示理解，並沒有感到生氣，反而是很好奇。我邀他上船，兩個人一整晚談論彼此的計劃。

第二天，我再次出發，前往島嶼南部，那裡是出名的衝浪聖地。太好了，我想找點樂子。

才剛到西班牙的埃爾梅達諾（El Médano），我就和伊奧成了朋友。他在巴伊亞學院（Bahia）工作，那是一間衝浪學校，我就是在校門前下錨停泊我的「伊維內克號」。

我盡情享受風帆、衝浪和風箏衝浪的樂趣。不過，如果想在橫渡大西洋之前賺取盤纏，購買新鮮食材的話，我還得賺點外快才行。我找到了一份很酷的工作，臨時當起風箏衝浪教練，學生是一對法國夫妻！

可是過了大約兩週，如果我還想趕上有利航行的信風期，我就得考慮起錨了。這將是我第一次完全獨自航行一個月的時間，我簡直迫不及待。但美中不足的是，我希望能有個小動物陪伴，我爸也很鼓勵我這麼做，他甚至提議我帶上我們家的黃金獵犬伊格魯。我很喜歡牠，牠總是和我一起在水上玩耍，但船上的生活對牠來說太辛苦了，牠需要空間。我想養個動物，但不是那種常見的遊艇寵物，不是一般的寵物。而且如果可以的話，最好是能有點用處的動物。這時，我突然想到養一隻雞。牠不佔地方，不會太吵，還能下蛋！我父親覺得這個主意很棒。我們向「養雞專家」請教，對方表示，雞在船上會感到非常緊張，緊張的雞是不會下蛋的。我很失望，於是放棄了這個想法。

但在即將進行長途航行前夕，我又開始思考養雞這件事。在船上，食物常常令人煩惱，所以在茫茫大海中能吃到新鮮雞蛋是很奢侈的事！再說，我的雞為什麼會感到緊張？如果我好好照顧牠，給牠建一個舒適的窩，好好餵牠，牠為什麼不下蛋呢？還有，雞好相處嗎？我承認我對此一無所知。我和伊奧談起這件事，他告訴他的朋友，他的朋友又轉達給其他朋友……幾天後，一個大紙箱送到了巴伊亞，裡面是一隻雞。

一隻漂亮的紅母雞，有著鮮紅的雞冠和下巴上的肉垂。牠開始左右扭動脖子，頭部不時抽動，好奇地環顧四周。我用雙手捧起牠，全身竟然如此溫暖柔軟，牠沒有試圖逃跑，看起來並不特別膽小，反而顯得很有活力，幾乎像是被馴養過。

就這樣，我手裡捧著一隻雞！在帶牠回船上之前，我去市區買了些東西，好為牠在「伊維內克號」上安排一處小窩並餵養牠。我買了木板、一袋木屑和五公斤的穀糧，是「蛋雞專用」的混合飼料。返回巴伊亞學院接牠時，我已經把牠當作是我的家人了。

我抱著裝雞的紙箱離開了帆船學校。牠好奇地從紙箱的洞裡探出頭來，大概在想發生了什麼事。當我走上長堤去坐小艇時，人們注意到牠，笑了起來。一上船，我就打開紙箱，牠立刻開始四處走動，就像在農家院子裡一樣自在。牠邁著小步，爬上橡皮艇，看起來確實有航海的天賦！我有預感我們兩個會相處愉快。當我啟動引擎離開海岸時，牠也沒有什麼反應。在前往「伊維內克號」的短暫航程中，我一直把手放在牠身上，怕牠掉進水裡。

我把雞放在帆船甲板上，牠抖了抖羽毛，然後小心翼翼地開始探索，把嘴喙探進每個角落。好，現在我該把牠安置在哪呢？不可能讓牠完全自由活動，因為還不知道牠是不是很容易暈船，而且牠需要一個舒適的地方睡覺，我覺得雞是早睡的動物！

我還得給牠取個名字。我船上有幾個布列塔尼碗缽，上面寫著不同的名字。當然，我也帶上了一個寫有我名字「吉雷克」的碗，還有兩個是之前船東留下的：一個是「珍妮特」（Jeannette），另一個是「莫妮克」（Monique）。我猶豫了一下，最後選擇了莫妮克，這個名字對一隻母雞來說很響亮！

莫妮克很快就適應了環境，還一路留下了見面禮。之前我沒想到這一點，看來我得花點時間打掃了——可是話說回來，我們可以教導母雞養成衛生習慣嗎？我一點頭緒也沒有……嘿，她要去哪裡？不！不准進我的船艙，莫妮克，站住！我抓住她，把她放到帆船的另一頭。

「莫妮克，聽我說，這裡是我的家。等一下你也會有自己的家，給我一點時間來打造。」

我想我找到安置小夥伴的理想地點了，就在船尾的駕駛艙裡，舵柄下方，那裡晃動最小，還能避開浪花和海風。我拿出發電機和電鋸，開始動工。在莫妮克犀利的目光下，我在駕駛艙範圍內蓋起了一間簡單的小屋。莫妮克就像強力膠一樣黏著我，我不得不一次又一次地推開她，以免她被電鋸割傷。我收養她是為了讓她下蛋，而不是要把她變成烤雞！我用木屑鋪滿她小窩的地板，加上一些從海灘上撿來的沙子、幾塊小石頭、一碗淡水，還有裝滿飼料的「莫妮克」專用碗。任務完成！莫妮克，你覺得怎麼樣？

「莫妮克？」

她又跑哪去了？

我在船艙裡找到她。我不知道是什麼吸引她到這裡面來，但我不喜歡這樣。如果她在外面拉撒還可以接受，有風、有雨、有海風，應該可以忍受，但在室內絕對不行。我把她放回外頭，再次試圖向她解釋在船上必須遵守紀律。她歪著頭，用她圓圓的小眼睛看著我。我把莫妮克帶到她的小屋裡。

「到了，莫妮克，進去吧，這是你的家。」她猶豫了一下，試探性地邁出一隻腳，然後是另一隻，接著退了出來，伸著脖子左右探看，望著我，又走了進去。她在木屑裡翻找，把嘴伸進水裡，啄了幾粒飼料，弄得滿地都是，然後又退了出來。好吧，情況還不算太糟。

糟糕的是我的這趟出航。風向不對，我得耐心等等。於是，我決定讓莫妮克體驗一下滑浪的樂趣，看看我們是否有相同的愛好，是否可以攜手走向未來！最簡單的入門就是槳板。我一手拿著板和划槳，一手抱著莫妮克，出發了！

一開始，她似乎完全不感興趣，不斷拍打翅膀，試圖逃跑。我把她安置在槳板中間，然後爬上槳板，開始划槳。莫妮克看起來不太放心，但她漸漸放鬆下來，轉頭四處張望，在海灘上的民眾紛紛笑了出來。

過了一會兒，我給她上了一堂帆板課。我盡可能放慢動作，但風有點大，她又開始拍打翅膀。我把她放在帆桿上，這次她安靜地待在那裡，爪子緊緊抓住帆桿。她似乎還滿喜歡的。

每晚，莫妮克會隨著日落入睡。有時，當我確定她不會再醒來時，我會偷偷溜上岸。我不久就要離開埃爾梅達諾，所以我想盡情享受這裡的時光。我跳上小艇去找伊奧和他的朋友。

入睡前，我會去看看莫妮克，把空的水碗加滿水。她真能喝水。所有的雞都這麼能喝嗎？我攪動了一下木屑，看看有沒有雞蛋藏在裡面，但沒有，沒有雞蛋。說不定布列塔尼人說的是真的，雞不會在船上下蛋？

莫妮克一出小屋就跟著我，似乎對我做的每件事都非常感興趣，尤其是我食用的巧克力麥片。她不斷靠近我，用嘴輕輕啄著我。我不明白她想要什麼。我指著布列塔尼碗上的黑色字母給她看：「你看，這裡寫著吉雷克，吉雷克就是我。你有你的莫妮克碗，我不會去吃你的食物！」但這對話過程就像在對牛彈琴。

莫妮克不停扭動，我把她抱到大腿上，其實她並沒有那麼嬌小。她全身都是紅色的，只有肚子上的羽毛顏色稍淺一些。她的紅銅色與我船上的小鏽斑很配，也和我的曬痕很搭！她並不膽小，雞可以被教化嗎？她有可能知道自己的名字嗎？

第二天早上吃早餐時，我稍微放鬆了警惕。莫妮克不見了。她去哪裡了？肯定在甲板上閒逛；早上她喜歡在陽光下曬羽毛。我把麥片放在一邊，走到甲板上。我沒看到她，她該不會掉進海裡了吧——突然，我聽到啼叫聲，謝天謝地！我走到船邊，她在那裡，一動也不動，雙腳蜷縮著，依偎在桅杆旁，一副局促不安的模樣。我慢慢走近：「莫妮克，你嚇死我了⋯⋯」她沒有反應。突然間，她站起來，鼓起羽毛，露出白色的羽絨，然後她下了一個蛋！

「真有你的，莫妮克！」

這時她開始啼叫。

第一部

相伴橫渡
大西洋

7

二〇一四年四月十七日，晚上七點鐘，我們出發了！如果一切順利，我們應該能在五月的第一週抵達安地列斯群島。海風微弱，但這對莫妮克來說不是壞事，她可以有時間慢慢適應。

我升起主帆，展開前帆。隨著「伊維內克號」在清澈的海面上滑行，埃爾梅達諾灣也漸行漸遠。這是個魔幻時刻。我坐在船邊，雙腳懸空，莫妮克就在我肩上，我覺得很棒。因為我天生話多，索性向她描述風景，向她解釋大海、遠海、風和洋流。我指給她看特內里費島，那是她的故鄉，紅山，黑沙灘……我告訴她我們要走了，讓她能好好再看看這片風景。和她交談我覺得很舒服，我可以把心中每次道別一個地方和新朋友時的淡淡憂傷分一點給她。突然間，四、五、六隻海豚出現在船頭，我大喊：「莫妮克，你看！」牠們在船身周圍跳躍，為「伊維內克」舉行一場盛大派對，真是太美了！我們興高采烈地駛向外海，這群海豚為我們獻上一場難忘的舞蹈演出，一路護送著我們。

我站在船頭，看著太陽落在海平線上。我簡直不敢相信，我等待已久的蔚藍大海，終於向我敞開了懷抱。

莫妮克開始東啄西啄，我看著她小心翼翼地走回她的窩裡。

「祝好夢，莫妮克，明天見！」

就這樣，我終於展開我的單人航行了！我既興奮又有點緊張。橫渡海洋可不是件小事，更何況我的船雖然比離開布列塔尼時好了些，但仍然有很多毛病。

不過，如果真的翻船，我就帶著我的小艇和槳板隨波逐流，總會漂到某處岸上的。海面相當平靜，洋流順著信風流動，對我十分有利。就像乘坐橡皮艇的阿蘭．邦巴爾[2]一樣，我有浮游生物和魚可以果腹，而且我還多了莫莫下的蛋可以吃！而且**在生活中，如果我們不停掂量可能的風險，就什麼事都不用做了。我寧可告訴自己：周全思慮，萬事順利！**

此刻，四周只有漆黑的大海，遠處閃爍著幾點燈火，那是和我一樣在大西洋夜幕中的航海夥伴。我放鬆下來，讓自己隨著波浪和漣漪搖擺。其實，出發並不難。

2 阿蘭．邦巴爾（Alain Bombard, 1924-2005），法國生物學家、醫生和政治家，他以駕小船橫渡大西洋的壯舉而聞名。

在海上，夜晚免不了要定時起身巡查。但現在海風很弱，我決定相信這艘帆船，好好地睡一覺。我關掉了嘈雜的引擎，而且備用的柴油也不多了，所以在非必要的情況下我寧可節約使用。反正我也不急，沒有人在終點等我。風會再起的，只需要耐心等待。

第一天，四月十八日

我大約在早上七點醒來，我在夜裡至少連續睡滿兩個小時，真是奢侈！天空陰沉，起了一點風，我張起船帆。小時候在伊維內克，我會把爸爸從床上拉起來，要他和我一起去釣魚。我會幻想很多場景，想像我們一起尋找海洋寶藏，探索有著奇珍異獸的偏遠島嶼。從小到大，海洋一直豐富著我的想像力。

莫妮克還待在她的小屋裡。當我走近時，她轉過頭看著我。

「嗨，莫妮克！睡得好嗎？」

她當然不會回答我，但我覺得她能聽懂，她知道我很關心她。莫妮克看起來一點也不笨。我甚至覺得當我呼喚她的名字時，她開始有反應了。

我在她的水碗裡重新加滿水，然後拿起飯碗準備裝滿飼料。她一路跟著我到甲板上，我費了好大勁才阻止她下到船艙裡。不得不說，到處都是補給品，甚至連停用的廁所裡都有。我覺得只要有吃的地方，莫妮克就會失控。我把她的碗裝滿飼料，她緊跟在我身後，等我準備把碗放進小屋時，她已經撲進碗裡，把食物弄得到處都是。才幾分鐘而已，連水都變渾濁了。

接著，我回到廚房準備早餐，不是隨便一碗熱巧克力和兩片吐司，而是真正的早餐。在海上，吃好很重要，不能有無精打采的時候，**即使航行看起來很輕鬆，也得時刻保持警惕。天氣隨時可能變化，任何時候都可能需要做出決定，應付突發狀況**。必須反應靈敏，所以要保持良好狀態。早餐是我一天中最重要的一餐，因為之後我就不會再吃東西，直到下午五點連同午餐和晚餐一起吃。所以，早上我會準備一碗牛奶，撒上巧克力粉，然後加入各種麥片，同時還有塗上奶油和果醬的吐司。如果沒下雨，我就端著碗坐在甲板上，這樣就可以一邊吃一邊留意船帆的狀況。

我觀察天空，雲層似乎很厚，但沒有什麼好擔心的。暖風徐徐，今天會是個熱天。我穿著泳褲，光著上半身和腳丫。昨天我還能看到其他的船，現在就只剩下我和莫妮克兩個。

她在甲板上走來走去。

「莫妮克！莫妮克？過來！」

她看著我，猶豫不決。

「莫妮克……」

她不慌不忙，先抬起一隻腳，然後是另一隻腳，姿態相當挺拔，但是有點僵硬，看起來像一隻矜持作態的大母雞，或者她只是害羞而已？

但一走到我身邊，她就毫不猶豫地跳到上長凳，然後躍到我大腿上。海風吹亂了她的羽毛，我覺得很好笑。我一邊撫摸她，一邊幫她把羽毛理順。我想把她放回地上，但她不同意，拍打著翅膀，緊緊抓住我的手臂。她盯著我的麥片，我抓了一點放在手裡遞給她。現在，她肯定不會離開我了！但這也讓我能好好看著她，用食物來馴服她。

還有，當我起身去洗碗時，她就像隻小狗一樣跟著我。這裡就和許多船上一樣，碗盤是用海水清洗，所以都變得有點黏膩，而且時間一久，不鏽鋼餐具就會佈滿鏽斑。為了避免這種情況，我會用淡水粗略沖洗一下——當然是冷水！「伊維內克號」上沒有熱水——但這還不夠，碗盤還是洗不乾淨、沖不乾淨。不過想想，既然我自己也像隻豬一樣又臭又黏又髒，那碗盤不乾淨又有什麼關係呢？因為淡水可得節約使用。洗澡就是一桶海水從頭上澆下來，最多再用雨水沖一下。不過，刷牙後我會用一點淡水漱口，我試過用海水，真的很噁。在海上，淡水是稀缺而寶貴的資源。我有瓶裝礦泉水和一個一百五十升的集水器，用來收集雨水，但前提是得下雨才行！而且現在有兩張嘴要喝水，而莫妮克是個大水桶。

我期待經歷一段非凡的旅程，於是帶上了幾本小筆記本，方便我把一切都寫下來。我每天都會記錄天氣、風速、帆船的速度、我吃了什麼、釣到了什麼，以及各式各樣的事情，以便留下回憶。不過，目前我沒有太多可寫的！但我還是強迫自己寫下日期，並像念書時那樣在下面畫線，然後是時間、我的位置和當時的風向、我的速度、航向和船帆的設置。我會簡單記錄每天發生的事情：「二〇一四年四月十八日，上午十一點四十五分。位置：北緯27°02.344，西經017°28.911；速度：5.4/5；風速8節；航向218度。莫妮克昨天和今天都下了蛋。昨天出發時沒風，但夕陽很美，還有很多海豚跳到兩公尺高。」

我們航行的速度不超過五節。為了在順風情況下提高航速，我決定升起球帆，這不是件容易的事。這張帆的面積約一百平方公尺，非常巨大，一個人幾乎不可能將它升起。我第一次嘗試是在葡萄牙，有凱文和露西幫忙，後來我就比較熟練了，但過程相當費勁，尤其是在降帆的時候。

儘管升起了球帆，船行還是慢慢吞吞。入夜後，大海似乎靜止了。

第二天，四月十九日

因為擔心和其他船隻發生碰撞，我保持高度警惕。而且就算風力微弱且穩定，我也不敢鬆懈，因為天氣隨時可能說變就變。於是我設定了鬧鐘，每隔三十分鐘，就會起來檢查船帆和自調航向儀，然後再睡個三十分鐘。有時，我會保持清醒一段時間；有時，如果需要調整帆面，就可能會持續更長時間。

人們經常問我：「那你晚上怎麼辦？你會睡覺嗎？」嗯，我不睡覺，至少不像大多數人那樣；我從來沒有連續睡上七、八個小時。在廣闊的海洋中，水深約四千公尺，所以不可能就地下錨然後安然入睡，你必須二十四小時保持警惕。

我的錨鏈有八十公尺長，但這不代表我可以在相同的水深處下錨。這種長度的錨鏈頂多可以讓我在二十五公尺深的水中下錨，這樣才能保持穩固。事實上，固定船隻的不僅僅是錨，還有水下錨鏈的重量。此外，如果沒有放下夠長的錨鏈就去岸上溜達，回來時你可能會發現船隻已經不在原位了。這種情況並不少見。所以下錨時，我會放下多節錨鏈以確保安全，而且我喜歡事先充分準備，所以乾脆準備了兩個船錨。

大約午夜時分，我被球帆拍打的聲音吵醒。風向轉變，甲板上亂成一團。球帆像抹布一樣纏繞在前帆上，沒辦法降下來。我知道有解開它的技巧，但是我還不會，我的經驗還不夠。可是我知道，在這種情況下，必須迅速行動，不要猶豫，不要驚慌，否則可能會損壞設備。如果有問題，就一定有解決的辦法。我想出的辦法也許不是最好的，但這是我唯一能想到的！球帆在前帆上繞了好幾圈，都是同一個方向，按理說，要解開它只要往反方向繞同樣的圈數就行了。於是我發動引擎，抓住舵柄，讓「伊維內克號」在水中轉圈，直到球帆完全鬆開為止。成功了！然後我又回去睡覺了。

其實，在船上你需要邏輯、常識、一點點創造力，還有快速反應，就這麼簡單！

這一天很平靜，我花了很多時間調整自調航向儀；它還不夠完善。

船行緩慢。我經常一邊掌舵一邊留意莫妮克。目前，我讓她自由活動，但這可能不是最好的做法，更何況她還在甲板上到處拉撒。

第三天，四月二十日

今天早上日出時，我進行最後一次夜巡，檢查了船帆和自航儀，確定一切正常後，打算再補眠半個小時——但我才剛入睡，莫妮克就開始啼叫，顯然她選擇在我的船艙正上方扯著嗓子大叫！我把自己裹在被子裡，斥責她，要她閉嘴，都沒用，她像是瘋了一樣咕咕叫。我試圖把她趕走，但沒有用，她是真的下定決心要煩我了。完了，我睡不著，乾脆起床吧。我的運氣真背，竟然遇到一隻把自己當成公雞的母雞！

我起身，餵她飼料，然後一邊碎唸抱怨地把她放回小屋裡。

天氣仍然多雲，而且很熱。在球帆的推動下，「伊維內克號」緩緩滑行。我對自調航向儀的掌控越來越熟練。儘管風不大，但船行相當平穩，很舒服。為了打發時間，維持體態，我做了一些簡單的運動。我把駕駛艙長椅上的軟墊拿到船頭做俯地挺身。莫妮克很好奇，跑過來看。為了搞笑，我把她放在我背上，她不停扭動——莫妮克，謝謝你的利爪哦！我轉過身，把她放在肚子上，開始做起仰臥起坐。這可比健身房有意思多了！四周風景美得令人屏息……我打開GoPro，錄下這段有趣的影片。

天氣太熱，不能把莫妮克關起來，所以我讓她在甲板上閒晃。她很有探險家的精神，不過這位小姐真的很會到處拉撒。太髒的時候，我就打掃一下。我會潑上一桶海水，用刷子清潔，再潑一桶清水就完成了，髒東西直接被沖到船外。這時我會想，如果莫妮克掉進海裡，我終究會釋懷的，但從此雞蛋也沒了，那豈不太可惜了。

為了打發時間，我開始釣魚。我準備好魚鉤和魚餌，然後放下釣線。成績還不錯，昨天就釣到了兩條魚。不得不說，大西洋裡的魚真多，而且都可以吃。昨天那兩條魚，我完全不知道是什麼品種，但吃下肚後我還活著。只要你在外海釣魚，就不會有吃到毒魚的風險。當釣到的魚太小時，我會選擇不要這麼早取走牠的性命，便把牠放回海裡。太大的魚也一樣，我的冰箱沒插電，因為實在太耗電，放走牠就算是避免浪費吧。

第四天，四月二十一日

經過兩天的陰天後，今天晴空萬里！隨著海浪的起伏，「伊維內克號」輕輕搖晃保持平衡，莫妮克也隨著船的晃動輪流屈折她的雙腿，真是聰明的女孩！每天早上，她有屬於自己的儀式。吃完早餐後，她會去甲板上慢跑，羽毛隨風飛揚。她會一邊走一邊低著頭，但船上其實沒有什麼可啄食的。當她感覺要下蛋時，她會回到自己的小屋裡。只要聽到她咯咯叫，我就知道可以去撿雞蛋了。如果出於某種原因無法進入小屋，她會想辦法讓我知道，例如站在門口大喊大叫！所以更換木屑和打掃小屋的工作，我會選擇在下午進行。但顯然每次只要我半躺在牠的小屋裡，牠就會想要進去！

天氣很好，微風吹起。我關掉自航儀，開始掌舵。莫妮克在我旁邊曬太陽，我想此刻的我們都非常幸福。

下午，我釣到了一條漂亮的鬼頭刀，這種魚主要分佈在維德角和加勒比海之間。

趁著天氣好，我用抹布擦拭樹脂玻璃窗。由於昨天的毛毛雨和海浪濺起的鹽分，從船艙裡已經看不清外面的景色。打掃完成後，我很開心，能再次欣賞風景真是太好了！船平穩地滑行，天氣溫暖，大海壯麗，莫妮克也沒找麻煩，我還有一條美味的魚可以當晚餐。我放起音樂，在甲板上像個傻瓜一樣跳舞——一個帶著雞在船上的傻瓜，如此地欣喜若狂。那又怎樣？反正旁邊又沒別人。

今天下午有個驚喜：一群飛魚！這是我第一次見到牠們！有十幾條在「伊維內克號」旁跳躍，曲折地躍出水面，滑翔數公尺遠才落入水中，然後再次發動，躍向空中。牠們看起來像是在有節奏地跳舞。突然其中一條沒跳好，落在了甲板上。可憐的傢伙完全昏了過去，一動也不動。莫妮克立刻湊上前去。這隻母雞真愛多管閒事！她用力啄了幾下，然後開始把牠吃進肚裡去。幾分鐘後，什麼也沒剩，她顯然吃得很開心。在嚐過第一條魚後，她就再也沒有離開過甲板，隨時準備好捕捉那些落在嘴邊的怪鳥。如果她剛才能大方一點，我也真想嚐嚐飛魚的滋味！很幸運，沒多久又有一條落在我腳邊。莫妮克衝了過來，但這次輪到我了。很快，我和她就開始比賽，看誰能先抓到落在甲板的倒楣鬼。莫妮克速度超快！而且她在甲板上比我更靈活，經常搶先我一步，先抓住獵物，然後吃進肚子裡去！對於較小的魚，她甚至會將對方活生生地吞下去，她肚子裡肯定很熱鬧！

最後，我收集到足夠的漁獲來做一道炸魚。味道好極了！這是一頓從天上掉下來的美食！

黃昏時分，莫妮克在牠的小屋裡睡著了。我獨自一人在甲板上，看著太陽落入海中。在大海中央看日落，是種無與倫比的體驗。色彩絢麗，難以形容。我們的語言，甚至是任何語言，都無法描述天空中燃燒的火焰，那些紅色、橙色、黃色、紫色的光線交織在一起，形成無數個平行世界。每天晚上的日落都不一樣，每天晚上都是魔幻時刻。我的思緒迷失在這片絢爛之中，失去了時間感，但沒有失去自我。我望著天空，這樣就足夠了。好希望自己可以永遠對此感到滿足。

日出時分，感受完全不同，景致更加莊嚴肅穆。我意識到自己有多孤單。白晝降臨，我見證了世界的誕生。

第五天，四月二十二日

海浪起伏，風勢增強。我一時疏忽，球帆掉進了海裡！早知道應該先把它收起來，現在的結果就是球帆破了。

我檢查了一下尼龍布，沒有什麼大問題。然後，我剪了一大塊可以修補船帆的Insigna

膠帶。不幸的是，船帆受損的地方是在一條黃色條紋上，而膠帶是黑色的。算了，黃底上有個小黑點，反而讓「伊維內克號」看起來有點像海盜船。

在波濤洶湧的海上，要保持平衡並不容易，更別提洗碗了。我一手抓著水槽邊緣，一手將盤子放在水龍頭下沖洗。這時，莫妮克像往常一樣開始她的小探險。她把頭從半開的舷窗伸進來，再一次試圖闖入。我把她推回去——這是我們常玩的遊戲。她很固執，而且似乎越來越頑皮。我又推了她一下——突然，她咬住了我的手指！看來海上航行甚至能把一隻母雞變成兇猛的野獸！

我們繼續向維德角航行。昨晚一記巨浪拍打在船尾，把莫妮克的小屋頂掀翻了。可憐的小傢伙，今天一大早我發現她全身濕透！她像小狗一樣甩著身上的水。我把她抱起來，用淡水輕輕沖洗，然後盡可能用毛巾把她裹起來擦乾。我往她的小屋裡看了一眼……你猜怎麼了？她竟然下了一顆蛋！我的莫莫真是太棒了！

過了一會兒，我把濕木屑收集到桶裡，扔進海中，這些都是可以自然分解的！接著我開始打掃小屋。莫妮克因為我挪動了她的東西而嘀嘀咕咕。她咯咯叫著，同時守衛她的領地，不讓我把手伸進她的小屋裡，我頓時惱羞成怒。

「嘿，莫妮克！你沒看見我在打掃嗎？我這是為了你好！」但她完全不理我，繼續我行我素。

我準備去拿鋸子和幾塊木板來修屋頂。如果不想再發生同樣的事，就得讓屋子牢靠一點。加固完成後，我用矽膠密封，最後放上新的木屑，並在碗裡倒上乾淨的水。

「這樣你滿意了嗎，莫妮克？」

她喝了一小口水，開始擺弄地上的木屑，一個一個地移動，按照一種我無法理解的邏輯整理它們。

傍晚時分，太陽重新露臉，雲朵幾乎全部散去，我升起球帆加快船行的速度。船帆鼓脹起來，黃、紅、橘等色彩在頭頂上飛揚，與夕陽完美融合。揚起球帆的船真是太帥了！

帆船在自航儀的控制下全速前進，二十四小時就航行了一百四十海里，最高速度接近九節。「伊維內克」乘風破浪，莽撞的莫妮克則在甲板上表演花式滑冰。

我們正在接近維德角，我很想在那裡停留一下。持續在海上航行一週後，能踏上陸地探索一個新的國度，那該有多好啊。但我身無分文，真的連一塊錢也沒有了，帶著零點六歐元去那裡能做什麼？

第六天，四月二十三日

我們距離維德角只剩下兩百海里。天空晴朗，但風很大，海浪洶湧。我不得不減少船帆的受風面積，否則自航儀會無法控制船隻。隨著距離越來越接近，我花在船帆和自航儀上的時間也越多，無論白天還是黑夜。當使用球帆時，只要有陣風或風速突然增加，自航儀就會偏移，所以我必須時刻保持警惕。如果它失控，船身就會偏向一側，其中一張帆可能會因此擺動至逆風位置，而導致船身折轉或改變航向。

海浪有六、七公尺高，「伊維內克號」在浪尖上航行的表現還不錯。我不得不降下球帆。這是我們第一次遇到這麼大的海浪，雖然在比斯開灣的遭遇也很驚險，但這次的海浪更高、規模更大。幾個月前，我絕對無法應對這種情況！

據我所知，在大西洋順著赤道上方的信風航行時，通常不會有什麼大事發生。風向穩定，船也不會傾斜，即使把水瓶放在桌上，它也不會移動。

雖然說莫妮克已經成為從船頭滑到船尾的高手，但現在情況有點危險。有時，她會站在離船緣只有幾公分的地方，任憑海風吹拂她的羽毛。此時只要颳起一陣強風，她就可能被吹到海裡去。如果她還繼續這樣胡鬧，我將永遠無法和她一起到達目的地。

當她像瘋了一樣衝向船頭顛簸最厲害的地方時，我會大喊：「不行，莫妮克，回來！」但她根本聽不進去，之後才又搖搖晃晃地回來，全身被浪花打濕，雞毛凌亂，狼狽不堪。如果我沒見她回來，就會仔細觀察船尾的航跡，瞇著眼睛試圖尋找她的下落。否則一旦發現她掉進海裡，再等我調回頭去，一切就來不及了。

為了阻止她在船身大幅傾斜時離開小屋。我在工具箱裡找到了一張舊漁網，於是把它裝在莫妮克的小屋前。這樣一來，她就不會被完全關起來，而且仍然可以和我作伴。隨著航程的推進，她的陪伴對我來說變得越來越重要。

第七天，四月二十四日

今天早上，莫妮克又下了一顆蛋！這是第七個！七天七個蛋，這不是很棒嗎？我小心翼翼地拿起仍舊溫熱的蛋，用黑色馬克筆在蛋殼上寫了一個大大的數字「7」，然後把它放進盒子裡。莫妮克下的每顆蛋我都會編號，這樣我就能知道該按什麼順序來食用它們。從最早排到最新鮮，這有點像是屬於我的食用期限。其實我還有一些在埃爾梅達諾買的雞蛋，所以我寧願等一等再吃莫妮克的蛋，以免她突然停止下蛋。

航行中，我試著控制自己的食量。能省則省，不只是莫妮克的雞蛋而已，因為你永遠不知道航程會持續多久。比方說，我喜歡吃巧克力，為了確保在最後一天也能吃到巧克力，我會約束自己每天只吃兩小塊，一塊也不能多吃。

但是昨天經過那些島嶼時，我真想把整塊巧克力都嗑掉。

我有點傷感地看著維德角在我的GPS上漸行漸遠。陽光燦爛，令人想要狂歡，想要跟著切薩莉亞・艾沃拉（Cesária Évora）的歌曲〈Sodade〉（懷念）舞動。這是我第一次不允許自己在一個沒去過的地方停留。這讓我沮喪，感到有點心情低落。在橫渡大西洋前，大多數的水手都會在維德角停靠；這是長途航行前的最後一站。我們可以在這裡養精蓄銳，儲備食物和淡水，並在迎接難忍的孤獨前，最後一次銘記擁有繽紛色彩和動聽音樂的畫面，但是我卻因為身無分文而必須放棄。

第九天，四月二十六日

又是晴空萬里的一天，帆船順利航行。自航儀穩穩地掌控方向，我的心情也開朗起來。這是啟程後的第八天，莫妮克下了八顆蛋！太棒了！自從和她一起生活以來，我做了很多有趣的實驗。最近，我發現莫妮克吃魚後下的蛋會帶有一股海味。

莫妮克待在我大腿上，我在船頭曬著太陽看書。貝爾納・莫瓦特樹（Bernard

Moitessier）的《漫長的航路》（La Longue Route）深深吸引著我。書中講述他第一次單獨駕駛「約書亞號」（Joshua）進行不靠岸航行的故事。那是將近五十年前的事了。每個航海人都讀過這本書。雖然在陸地上我並不熱衷看書，但現在我會花時間享受閱讀。我從父親那裡拿了幾本航海家的故事。在航海方面，我還有很多東西要學，但真正令我着迷的是人類的冒險精神。在我船上的小圖書室裡，還有另一本莫瓦特樹的書，《帆過合恩角》（Cap Horn à la voile），我會讀它，因為有一天我一定會去那裡。還有歐內斯特．沙克爾頓（Ernest Shackleton）的《堅忍號的史詩之旅》（L'Odyssée de l'« Endurance »），對於想去冰天雪地的人來說，它是必讀經典；吉米．康奈爾（Jimmy Cornell）的《遠洋航路》（Routes de grande croisière），它幾乎提供了關於環球航行的所有資訊。

時間一久，莫妮克和我也越來越親密，我再也沒有把她做成烤雞的念頭了。其實，雞很容易被馴養，一名孤獨的水手也是。我們開始相互理解，她完全可以知道有人在呼喚她的名字——當然，前提是她願意有所回應，因為她有自己的小脾氣。有時，莫妮克會堅決轉身背對我，然後走到甲板另一頭。雖然莫妮克越來越獨立，但是有樣東西總能把她帶回我的大腿上。那就是食物！她貪吃的程度令人難以置信。每次我在廚房做菜，她都會試圖從舷窗爬進來。此時我會高喊：「不行，莫妮克，不准進來！」她就會退出去。但才剛出去，她就會再試一次，所以我會更大聲地喊道：「莫妮克！不可以！」我把她趕走，她很清楚我的意思。我一轉身，比如剛把義大利麵瀝乾，嘿嘿！她就會出現在濾水盆裡！莫妮克什麼都不怕，尤其不怕我。在我削胡蘿蔔或馬鈴薯的時候，她會啄食掉進水槽裡的皮。我隨她去了，我沒辦法一直和她作對，而且我已經開始習慣她無處不在的身影。她讓我開心，我也不太忍心把她趕走。所以，她越來越常陪著我待在船艙裡，只有我的艙房仍然禁止她入內。至於船上其他地方，她贏了。

她會把兩隻腳放在餐桌或擱在長椅上，直接從我的碗裡或湯匙上吃東西。有時，她甚至就要從我嘴裡搶走食物！她已經成了不折不扣的吃貨。當我受夠了，想要安靜的時候，我就會把她放回小屋。不過，這也有些是我的錯，因為我曾把湯匙或盤子遞給她，讓她大快朵頤，所以我不能怪她。

她常常在我掌舵的時候飛到舵柄上，眺望著海平線。我很好奇她在想什麼。雞會思考嗎？我不知道一般的雞會不會，但莫妮克肯定會！是我對她有感情了？還是她填補了我的孤獨？有一件事是肯定的：在船上，我只有她，我也花了很多時間照顧她。

雖然我們因為她經常闖進船艙而爭吵不休，但她終究找到了我在做飯時棲息的理想位置。屁股露在艙外，頭伸進來，莫妮克可以從船的入口旁邊觀察我，或是從廚房上方的小舷窗看我——不過她只能把頭伸進來，而我只能把手伸出去。

第十一天，四月二十八日

航行很平靜。今天沒有魚。

晚上，我為自己準備了炒蛋。當然，我從來沒有吃過這麼美味的炒蛋！有時在夜裡，我會為了好玩而掌舵。我會選擇一顆星星，把船頭對準它並努力跟隨它的方向。當夜空晴朗時，那是種神奇的體驗。我所有的感官都會變得很敏銳，沒有什麼能逃過我的雙眼。我留意帆船的每一次呼吸，最細微的摩擦聲，還有船帆的樂音。我傾聽著船上的索具，聆聽著風的歌聲，我們心意相通，只要專心傾聽，我就可以預測海相的變化。

第十二天，四月二十九日

在海上航行十二天後，我開始覺得無聊，於是重新閱讀筆記上的內容。出發前，我對這次的航行充滿期待！認為這是個大挑戰，畢竟它是我從小就被父親的經歷所熏陶的夢想。但啟程之後，我並沒有遇到什麼特別的困難。我開始渴望到達目的地，並為下一步做準備，為我必須去尋找的新挑戰做準備。向北航行，去看看格陵蘭島，去邂逅北極熊、海豹和北極狐……甚至可能在冰層中航行？

無聊讓我陷入沉思。我總是向前看，但現在很意外自己竟然在回顧過去。我已經有一年沒見到家人了。我的姐妹生了孩子，但我幾乎不認識這些外甥和外甥女。不過我最想念的還是我父親。我是他八個孩子中的老么，父親很晚才有了我，我們父子倆非常親近。他是我出發前最後一個講電話的人，唯一一個理解我的人。當我告訴他航行計劃時，他不會認為我瘋了，而是鼓勵我。我的母親和姐妹越是反對：「吉雷克，不要去，你瘋了嗎？」我就越想向她們證明我的能耐。我有很多事需要向她們證明，也需要向自己證明，雖然我還不知道到底是什麼。

即使無事可做，我也不怨天尤人。我體會到與世隔絕的快樂，除了那台老舊的ＶＨＦ手持無線電外，船上沒有任何通訊工具。而且這台無線電的收發範圍為零，如果三百公尺外有一艘船，我會沒辦法呼叫它。不再過問世上發生的事情，不再知道陸地上的生活，這種感覺很奇特。你的四周只有海水和天空，還有魚群和海鷗。獨自一人在茫茫大海中，我與自然元素完美和諧地共存，生活在一個不同的時空。我唯一的牽掛是我的船和莫妮克。我的親人、家人、朋友都在陸地上，雖然我愛他們，但我不能說我想念他們。自從離開布列塔尼以來，我有時會和他們通電話，但次數非常少。當然，我仍然渴望和他們分享這次的航行！

第十三天，四月三十日

我剛才錯失了一條鮪魚，牠明明已經牢牢咬住魚鉤，但就在要把牠拉上來的時候，牠掙脫了！牠實在太大，我一點辦法也沒有。

第十六天，五月三日

自從離開維德角後，航行一直很順利。今天，我們一帆風順。中午時分，風向稍微轉北，我不得不改變航向，朝南航行，以便待在信風帶內。但是突然間，這該死的風增強了。帆船開始失控，我趕緊降帆，但愚蠢的是，我想先把GoPro好好固定在頭上，以便拍些照片，結果球帆就在這個時候從頂部位置炸開來！聽到這聲巨響，我以為是桅杆斷了——結果是球帆掉進海裡，我得靠雙臂的力量把它拉上來，簡直把我累壞了！一百平方公尺的船帆被水浸濕後變得非常沉重。這就是想扮演第一線記者的後果，我會牢記這次的教訓。

我檢查了尼龍布，頂部完全裂開。這一次，我的Insigna大捲膠帶也無濟於事。球帆像一顆圓球一樣躺在甲板上。我得等到抵達大安地列斯群島才能請人來修補它，在那之前只能將就一下了。

我很沮喪，但不氣餒。如果是桅杆斷了，情況會更加棘手。不藉助球帆來航行並非不可能，但是如果風力不大，航行時間會拉長。所以，我希望風能再大一點……

好消息是，我剛剛撿起莫妮克下的第十五顆蛋！

第十七天，五月四日

自從沒了球帆，我就一直維持剪帆式航行：前帆在右舷，主帆在左舷。如果兩張帆都在同一側，前帆就會被後帆遮擋而受風不足。為了提高速度，在順風航行時最大限度地利用帆面是唯一的方法。雖然船行速度比使用球帆時慢，但是這種方式更安全、更簡單，而且可以讓船身保持平衡。

自動駕駛儀是開啟的狀態，但由於電池消耗的速度很快，這種模式不會持續太久。不過天氣晴朗，有了太陽能電池板應該有充足的電力才對。我們離安地列斯群島還有一千海里，還不到航程的一半！

黃昏時分，天空再次放晴，太陽從雲層後面落下，在海面上投放金黃色的光芒。莫妮克靜靜凝視眼前的景象，可能是被它的美所感動。我撫摸著莫妮克的背，她溫順地爬到我大腿上。我光腳坐在船邊，雙腳懸在水面上，一邊握著舵柄，一邊輕輕撫摸她的羽毛。

「感覺好極了對吧，莫莫？」

「伊維內克號」在水上滑行，金色海面一路從船頭延伸到地平線上，四周只聽得見帆船的摩擦聲。夕陽已經變成了一根針尖，不久就會被黑夜吞噬。莫妮克離開我，不斷尋找可以啄食的東西，這是她在入睡前對甲板進行的最後一次巡查。

隨著我們越來越靠近安地列斯群島，強對流也越來越多，每天有十到十五次。我們能看到它們的到來，烏雲挾帶著雨水，在風的驅趕下，逕直地向我們襲來，但很難判斷它們的風速是三十節還是六十節——大多數時候，陣風不會超過四十節。對流暴雨沖刷著帆船，洗去了腐蝕一切的鹽分。我把握機會收集淡水，收集落在遮陽篷上的雨水，順便洗個澡，否則一直用海水洗澡，我最後肯定會變得跟火腿一樣鹹。當雨雲接近時，我會去拿沐浴露，先用海水清洗，然後等待雨水降臨完成沖洗！如果強對流從旁邊經過，我就會像個傻子，渾身都是泡沫地站在原地！

如果我覺得某個強對流可能威力驚人，就不會冒險並立刻把帆完全降下來以免受損。一旦雨過天晴，我才迅速升起帆，繼續航行直到下一個對流到來。

第十八天，五月五日

媽媽生日快樂！我不知道母親的年齡，其實我也不知道其他人的年齡，我覺得這沒有任何意義。我喜歡的人，不論年紀大小，我都一樣喜歡。我無法親自祝她生日快樂，這讓我有點難過。但在筆記本裡，在今天的日期下，甚至在記錄帆船的位置和速度之前，我寫下：「祝媽媽生日快樂！」

第十九天，五月六日

強對流一個接一個來襲。我拉上防水外套的衣領，保護脖子不受暴雨侵襲，它們就像成千上萬枚尖針一樣。莫妮克也不喜歡這樣的天氣，趕緊找地方躲起來，只有飛魚群的到來才能讓她現身。儘管被海浪打濕，她仍然在甲板上守望。當更大的浪頭拍打船身時，我會檢查她是否還在。如果沒看見她，我會擔心，而往往就是在就這一刻，她會嘴裡啣著一條飛魚，全身濕透地出現在我眼前！

第二十天，五月七日

GPS突然壞了。我關掉重開，還是沒用，它發不出任何信號。問題出在哪裡？這一次，我獨自一人在這艘小船上，沒有任何東西可以導航，我迷失在浩瀚的大海中！在非洲和南美洲之間！無論我往哪裡看，都只有海水。老舊的VHF無線電狀況太差，無法幫助我與其他船隻聯繫。我很鎮定，驚慌失措沒有任何幫助，只會讓腦袋更加混亂。我不是說我在任何情況下都能保持冷靜，但我努力保持積極的態度。相信自己，信任自己，尋找解決問題的方法，這是找到解決方案的最佳途徑。我把生活視為一種挑戰，就像是一系列需要面對而不是迴避的阻礙。

一切都會很順利的。我有我的小艇、槳板和帆板，我用指南針確定航向：兩百七十度，晚上則靠星星辨認方向。我只需要向西航行，唯一的風險是帆船可能會在我不注意的時候稍微偏離航線。在這種情況下，我無法到達預定地點，但隨著洋流和風向，我最終總會抵達某個地方。

夕陽西下時，我站在船頭，船正朝著獵戶座的腰帶三星航行，往西方前進。

第二十二天，五月九日

好消息！GPS又能用了！我終於發現是連線問題，原來外部天線上面有腐蝕，切掉一小段天線後，訊號就恢復了。這兩天雖然沒有GPS，但「伊維內克號」始終維持著航向。我們離安地列斯群島只有幾百海里了。

這是我們出海以來遇到的第一艘貨輪！這個信號錯不了：孤獨的日子結束了！

「莫莫，你看，是大船！」

我們邁入在海上的第四個星期。如果一切順利，幾天後我們就會抵達陸地。我心中早已做了打算。有人告訴我，在聖巴泰勒米島（Saint-Barth）很容易找到工作，但是什麼樣的工作呢？能做多久？兩個月、一年？我在那裡誰也不認識，但這也是我喜歡的地方。從十八歲開始，我就會去一些陌生的地方，沒有認識的人，身上也沒有錢。每一次都是一個挑戰，但幸運之神總是眷顧我。在聖巴泰勒米島，人們會信任這個開著破船帶著一隻母雞靠岸的布列塔尼小夥子嗎？如果找不到工作，如果事情不順利怎麼辦？不過有一件事是肯定的：我口袋裡只有零點六歐元，撐不了多久！

日子一天天過去，我想走得更遠的念頭也越來越強烈。我的思緒在我的世界地圖上遊走。我越來越想向北航行，前往格陵蘭島，但我必須修復「伊維內克號」，讓它更加牢靠。在冰層中航行需要裝備精良的船隻，我自己也需要做好準備：一件保暖救生衣、一台暖爐，這是最基本的配備……那莫妮克呢？她能承受攝氏零下十五、二十五度的溫度嗎？我不確定有沒有雞用的羽絨衣！

第二十四天，五月十一日

強對流仍然很頻繁，風力也增強了，風速應該在四十、四十五節左右，而且風向不斷在東北和南方之間變化。自航儀開始疲勞，我也一樣。我真希望可以脫掉防水外套，但雨一直下個不停。在甲板上熬了一夜之後，我筋疲力盡。如果風繼續這樣吹，我們應該能在四或五天內到達。但願如此，我好希望能夠離開這艘船，想要擁有更多的空間來活動筋骨。

第二十七天，五月十四日

不可思議！我簡直不敢相信，遠處有什麼東西出現了，是一片沙灘嗎？看見陸地了！我們成功了，加勒比海到了！

我赤身裸體跳到甲板上，大吼大叫。

「莫莫，你知道嗎？我們做到了！我為你感到驕傲！」

雖然航行過程沒有什麼波折，但我還是覺得自己完成了一項壯舉！

我站在「伊維內克號」的船頭，莫妮克棲在我肩上，我看著眼前如此接近的陸地。

這不是聖巴泰勒米島，還不是，而是巴布達島（Barbuda），靠近東邊的地方。我欣喜若狂，立刻跑到船艙拿出手機充電。我迅速爬上桅杆搜尋信號，我沒抱太大希望，但誰知道呢，在高處的收訊總是比較好。可是令人驚訝的是，竟然有信號！我打電話給我父親，他是我離開埃爾梅達諾之前最後一個通話的人，也是踏上陸地時第一個想聽到聲音的人。

「爸？爸，我到了！我做到了，爸爸，我成功了！」

我在電話裡大笑，我從來沒有這麼快樂過。

但還沒來得及感受到他驕傲的回應，訊號就斷了。

第二十八天，五月十五日

二十八天和二十五顆雞蛋之後，我們抵達了聖巴泰勒米島。莫妮克已經適應了海上生活。

我聽著手機上一連串的語音留言，是格拉迪絲，我的銀行專員，也是我的朋友。四週前，她同意提高我的透支額度。當時她說：「好，我給你提高額度，但只有一個星期而已喔？不然我之後會有麻煩。」我向她保證：「不會有問題的，我一定會還錢。」但我忘了說明具體時間，就出發穿越大西洋了。

現在是晚上六點出頭，天已經黑了。聖巴泰勒米島的燈火在遠處閃爍，因為沒有詳細的海圖，我決定等到明天再靠岸。

經過幾週的航行，我並沒有感到太疲勞，但骨子裡已經筋疲力竭，因為睡眠不足，也因為帆船和海相需要我集中注意力。看到海岸線，感覺到旅程即將結束，一路上累積的勞累一下子釋放出來。這是最危險的時刻，你會鬆懈下來，注意力也會降低，但危急的情況還是有可能發生。你必須保持清醒，所有感官都不能鬆懈，反應也要提升到最敏銳的程度。四周的船隻越來越多了，而且還有可能遇到淺灘。

這二十八天的海上生活讓我學會了與「伊維內克號」合作無間：吃飯、移動、在船上安睡。我也了解它的弱點，發揮它的優點，預測天氣……

現在，我更了解自己。我原本可能感到沮喪，意識到自己錯了，察覺到孤獨難以承受，以及我還不夠成熟，無法獨自航行，也許我根本不適合這樣的生活。但事實恰恰相反，我發現我喜歡孤獨、喜歡浩瀚的大海、喜歡我的船，而我只想繼續下去。

隨著日子一天天過去，我想去其他地方看看的願望也越來越強烈。我想去更遠的地方，去迎接新的挑戰，更困難、更瘋狂的挑戰，而我也會在過程中不斷成長。

9

「你看，莫莫，旅程結束了！看看這裡多美，你看到海水的顏色了嗎？還有魚！」

「伊維內克」在清澈見底的海面上滑行，周圍環繞著漂亮的帆船。而我終於到達了，帶著我的小船和我的雞。

今天早上，我和莫妮克一起隨著日出起床。早上五點半剛過，我就升起了帆。我以為我們會抵達這個島的「首都」古斯塔維亞（Gustavia），但我們卻落腳在一個叫做貝殼海灘（Shell Beach）的小海灣。一面代表布列塔尼的「黑白旗」在桅杆頂上飄揚。真想不到！我立刻認出了我朋友馬努的船！我不知道他也在聖巴泰勒米島！能在大西洋的另一邊見到他，令我欣喜若狂！我決定把錨下在他旁邊，但很遺憾，他人不在船上。我不能耽擱，必須通知當局帆船已經入港。當踏上陸地時，一望無際形成沙灘的各色貝殼令人目不暇給，它們有各種形狀和大小，隨著潮水的漲落來來去去。再往前走，綠意盎然的陡峭懸崖落入碧綠的海水中。在海灘的盡頭，有一家名叫 Do Brazil 的餐廳。

我到碼頭的辦公室報到。我自豪地笑著表示：「你好，我剛穿越大西洋，我想辦理入境手續。」

他們面無表情地回答我：「嗯，好的，不過這裡的停泊費是每天八歐元。」

什麼?!

「但我沒有停靠碼頭啊！我只是下錨而已，我不用付錢吧！」

「如果你不想付錢，就請離開。」

通常停泊是不收費的，至少在我去過的地方都是這樣。我從來沒聽說過這種事，再說我也沒錢。

我付不起……可以用雞蛋代替嗎？對方立刻板起臉不高興，似乎是個沒什麼幽默感的人，他說：

「一切都得按照規矩來！」

要重返文明社會還真不容易！

我在他們的電腦上辦理入境手續，登記了船舶的註冊號碼、出發港口、姓名和護照號碼。至於付款，只能晚一點再說了。

當我回來時，馬努就在他船上！看到他，我開玩笑說：「布列塔尼人真是無所不在！我們就不能圖個清靜嗎！」他告訴我，這座島曾經被布列塔尼人（和諾曼第人）殖民過，這讓我非常驚訝。那麼我們就是在追隨祖先的步伐囉！我告訴他，我的計劃是認識當地人、了解島上的生活、找份工作、賺夠錢，為「伊維內克號」的冰洋之旅做好準備。

休息兩天後，我開始找工作。在街上，我看見一個女孩正在把鮮花裝上卡車，我提議幫她一把。我很有親和力，而且幸運的是對方非常友好。她問我從哪來，是否曾經來過聖巴泰勒米島，我在這裡做什麼……我向她說明我現在的處境。

「這樣吧，如果你願意，今天下午我可以給你一份工作。」

是不是！第二天，第一份工作，五十歐元入帳，我的資本翻了八十倍！雖然這還不足以讓「伊維內克」煥然一新，但足夠我買兩三樣小東西。

接下來幾天，我結識當地人，和臨時工聊天。大家都建議我去酒吧和餐廳問問。這裡遊客很多，會留下不少小費。至於做菜，除了鮪魚義大利麵、各種蛋料理和罐頭義大利餃……但我算不上是個廚師，可是如果只是做服務生，我應該還能應付，而且通常我推銷自己還算有一套。我不會編太多故事，但我知道如何稍微誇大一點來達到目的。在澳洲時，我佯裝自己是漁夫、泥水匠、瓷磚工，但全是編的，不過在緊要關頭，我還是成功矇混過關。

首先，我查看分類廣告，發現了幾個園藝工作機會，打了幾通電話。一名想找一位兩週臨時工的人約我在島上最古老的酒吧Sélect見面。我們聊了一下，對方非常親切。當他問我是否有園藝經驗時，我立刻祭出我的制勝策略：

「是的，我在法國經常做這種工作！」

成交。

這真是個好機會，我每天能賺將近一百五十歐元。想到這一點，我就笑得合不攏嘴。

一路上，鳥兒的歌聲陪伴著我，冉冉升起的太陽已經帶來炎熱的高溫。陽光掃過房屋的紅瓦屋頂，照亮了路上漫步的蠶蜥，牠們一點也不怕我的腳步聲。

我的新工作在島的另一頭，每天要步行一個多小時才能到那裡。

抵達工作地點後，我認識了我的同事。安德烈亞是個熱愛帆船和冒險的人，我們彼此很投緣。這份工作並不有趣，但我們一直待在戶外，穿梭於一個比一個漂亮的別墅之間。從別墅的花園裡，可以真正將海景盡收眼底。

每晚在回到停泊的船上之前，我會在Do Brazil停留和員工朋友聊天。直到有一天，餐廳經理大衛對我說：

「吉雷克，我不知道你有沒有興趣，但我星期天需要有人幫忙……」

我的園丁合約下星期五就結束了，大衛的提議來得正是時候。我立刻答應。

「沒問題，我對餐飲業很熟。」

星期天早上，大衛在餐廳裡向我解釋他對我的期望。他並不傻，他很清楚我對餐飲業不太了解，但他看出我充滿幹勁。工作結束後，他對我的表現很滿意，並給了我機會；我得到了一份一個月的合約！

每天早上，我會划槳板去上班。

從我的船到餐廳只需要幾秒鐘的時間……但這並不影響我每天早上都會遲到。一上岸，我就把躺椅兩兩擺好，中間放一張小桌子和一把遮陽傘。完成後，就去幫忙擺放餐具。在海灘上，我如魚得水，光著腳和客人聊天。我指對面的帆船給客人看，他們很驚訝我居然是直接從布列塔尼航行來此。

「你是一個人過來的嗎？」

「啊不，不是一個人，我是和我的母雞[3]一起來的！」然後每次都會有人問：

「啊，和你的女朋友一起來的？」

「不，是一隻真正的母雞！」

很快，整座島都知道這個布列塔尼小夥子和他母雞的故事。有些人甚至會游泳過來看我。

3 ma poule在法語中的意思除了是「我的母雞」之外，同時也是對親密的朋友、家人或愛人表達愛意的親暱稱呼。

「莫妮克還好嗎?」

儘管遊客眾多，但島上仍然瀰漫著一股融洽和真誠的氣氛。

媒體對我們很感興趣。《西部法蘭西》日報報導了我們的故事，還不忘附上我們在臉書上的連結。結果，越來越多人關注並追蹤我們的冒險經歷。我發佈了幾段我們穿越大西洋的影片。莫妮克的風頭更勝於我！獨自一人駕駛帆船穿越大西洋很常見，但帶著一隻母雞的就不多了！

當我外出工作時，莫妮克會在甲板上閒逛。我會告訴想看她的人說：「去吧！游到船那邊，爬上去，你們就會找到她！」他們真的會這麼做。

我對這裡的風景百看不厭。

在聖巴泰勒米島，水很珍貴，就跟在船上一樣。這裡沒有水資源，居民是透過淡化海水和水箱收集雨水來獲取淡水。

我在Do Brazil認識了尚米。

他是Caribe Water Play的負責人，一個位於聖約翰海灘的小型帆板俱樂部，而聖約翰海灘是聖巴泰勒米島上最長的海灘之一。飛機會在海灘盡頭降落，就在為航班預留的一小塊土地上，總是上演著驚險的空降畫面。機場非常小！只有小型飛機才能在那裡降落。

尚米和我一見如故。他很快就告訴我，他正在找一名助手，覺得我很適合教授帆板課程，而我也覺得自己再適合不過了。這次我不需要吹牛，帆板運動確實是我的愛好，我最喜歡的運動。我無法拒絕這個機會。

「沒問題，我教過帆板課程。」

我的合約從七月初開始。

像往常一樣，我會根據工作地點搬家。我們繞過島嶼，在聖約翰灣下錨，就在俱樂部對面。原則上，由於機場的緣故，船隻不能停泊在這裡，但再說吧。

這段航程很短，沿途碧波萬頃，海水清澈見底，可以看到色彩繽紛的魚和海龜在凹穴處和海草地過著愜意的生活。

我又開始每天早上划槳板去上班了，而且這次很棒的是有莫妮克作伴！大概過了半個月，我放下槳板改乘小艇，和莫莫在俱樂部前上岸。我還沒從橡皮艇下來，她就跳上了外圍的充氣邊緣，然後自己躍上了沙灘。我也跟著下來，把小艇稍微拉上沙灘。莫莫在那裡等著我，跟著我一起走到帆板俱樂部。一路上，如果我跑起來，她就會在後面追！人們一開始很好奇，後來就覺得很有趣。有了莫妮克，一切都變得很簡單，我自然而然就認識了新朋友。

從一開始，我就用三塊木頭和幾塊木板，在俱樂部草屋旁邊為她搭建了一間小屋。我安裝了一個小柵欄，這樣她就不會在無人看管的情況下亂跑。我很擔心流浪狗靠近。當我讓她自由活動時，遊客就會卯起來給她拍照，也不停地問我問題。

她很快就適應了這裡。為了讓她充分享受生活，而市面上沒有雞用救生衣，我決定教她游泳。我把她放在水面上，然後放開她，同時緊緊跟在她身邊。最初幾次，她不太動，接著慢慢沉入水中。等到羽毛完全濕透後，她就知道再保持不動會出問題，於是我稍微離遠一點呼喚她，她開始用腳掌在水中划水前進。她會了！幹得好，莫妮克！

我整天穿著泳褲來回於沙灘或海上，教授帆板和槳板課程。這裡簡直是天堂，而且我的薪水還不賴。尚米從來不給我壓力，讓我隨心所欲安排時間。當沒有客人的時候，他會讓我衝浪或玩帆板。只要看到有學生在草屋亭等候，我就會全速衝回海灘。

沒多久，我就和聖約翰俱樂部的孩子們打成一片，有艾里、安東楠、諾亞和萊歐，他們的年齡在八到十二歲之間。他們常年住在這裡，不上學的時候就和我在一起。他們是我真正的朋友。他們總是在我的帆船上玩耍，和莫妮克玩在一起。可憐的莫妮克，他們對她簡直百無禁忌！和他們在一起，莫妮克開始學習趴板衝浪，甚至是滑板。有時，她會做做樣子抱怨一下。我們經常在甲板上一起吃晚飯，播放音樂。起飛的飛機就在我們頭頂上飛過，發出震耳欲聾的轟鳴聲。莫莫毫不在意。有時，我會帶著這群孩子出海兜風。一個人掌舵，其他人負責張帆……大家開始學習航海的基礎知識！

我想起了我的北極計劃，那個在浮冰上過冬的瘋狂想法。也就是在格陵蘭島最北端的一個海灣下錨，等待浮冰在「伊維內克號」四周成形，然後在沒有任何通訊方式的情況下成為冰層的囚徒，過著自給自足的生活。我還會在極光下釣魚。

在聖巴泰勒米島上的朋友們說我有點瘋狂，更何況我還表示要帶上莫妮克。

「一隻雞，在那麼低的溫度下？她絕對活不下來！」

隨他們去說吧。如果我相信別人的話，莫妮克現在就會在加納利群島的一個農場裡過著平淡的生活，而我則在船上沒對象可以說話，過著無趣的生活。

九月中旬，我賺夠了錢，可以開始對帆船進行第一次維修。現在正逢淡季，是颶風季節，最好往南走到熱帶輻合帶，因為那裡不會形成颶風。所以我決定往南走，那裡的維修費用也更便宜。為此，我組建了一支強大的隊伍，包括在加納利群島認識的喬納斯，他剛從哥斯大黎加過來，還有安德烈亞也正好有幾天的假期。一行人結伴出航！按照計劃，會有幾處美麗的停靠點等著我們。在萊聖特（Les Saintes）群島，我們升起活動龍骨，在糖麵包（Pain de Sucre）淺灘上航行，站在甲板上幾乎就可以摘到椰子。在瑪麗-加朗特（Marie-Galante）島，我們釣龍蝦，晚上大快朵頤。在多米尼克，我們步行前往叢林和印第安河邊。停留的時間很短，但生活非常美好。安德烈亞先行離開，返回聖巴泰勒米島工作。時間過得真快，已經是十月了，這裡有太多美麗的東西值得探索，可以持續好幾個月。是時候尋找一處合適的修船廠了，喬納斯從旁協助。我們繼續南下，前往馬丁尼克島，然後是聖露西亞和格瑞那丁群島。有人建議我們不要去委內瑞拉，以免遇到海盜，所以我們改去千里達。為了避免厄運降臨，我們開始搞笑，一隻眼睛上蒙著黑布，肩膀上站著莫妮克，我們擺好拍照姿勢。

安全抵達千里達後，我們把船拉到陸地上開始動工！大夥兒把所有零件都拆下來，「伊維內克」被剝得精光。我們首先集中精力處理船體，工作量很大，有很多鏽蝕，腐蝕嚴重到有些地方必須切出大洞，那尺寸連人頭都可以探進去。

在我們工作期間，莫妮克自由自在過著自己的小日子。她在各處閒逛，沒多久船廠裡每個人都認識她了。

我經常在船與船之間尋找她：

「你們看到莫妮克了嗎？」

「莫妮克？是啊，我們看到她了！她往那邊去了……」

我們每天在攝氏四十度的高溫下不間斷工作十五個小時，但我比以往任何時候都更有幹勁。

夜裡，我們睡在停放在支架上的船上，我們必須得架梯子才能爬進去。莫妮克有點迷失方向，在修船廠裡到處下蛋。她最後看上了一輛小高爾夫球車，有好幾次我都發現她在手套箱裡下蛋！晚上睡覺的時候，她會自己爬上梯子。

我們船廠裡的鄰居克里斯欽和克勞迪娜也有一艘鋼製船，叫「流浪者號」（Gadjo）。克里斯欽教我如何焊接；我的船體上有四十多個洞需要焊接金屬片來修補。我覺得我們永遠也做不完，真想知道我是怎麼在橫渡大西洋時沒有沉船的。

為了紀念莫妮克，克里斯欽在船頭兩側畫了一隻漂亮的紅母雞。我拿出了我的舊模板，終於讓帆船的兩側都有了名字。

趁著這次維修，我還更換了風速計、速度計和測深儀。我更換了遮陽篷上的壓克力板，甚至在莫妮克的小屋上加了一個不鏽鋼屋頂。

一個半月後，「伊維內克號」煥然一新！下水的時候到了，總算等到這一天，到了陸地還得住在船上實在很不方便。聖巴泰勒米島的旅遊旺季起跑，我得回去俱樂部上班。我們花了五天時間回到聖約翰。

我一到立馬上工，再次把每一份工資都存起來，以便備齊船上裝備。

我帶著莫莫橫渡大西洋的故事引起越來越多媒體的關注。繼《西部法蘭西》日報、《VSD》週刊、《法蘭西週日報》、《船帆與帆船》（Voiles & Voiliers）月刊、《Europe 1》電台之後，電視節目《Thalassa》也與我聯繫。爆紅的知名度幫我找到了一些當地廠商的贊助，條件是必須把他們的商標印在主帆和帆桁上。

我和一對經常在俱樂部租借躺椅的遊客夫婦成了朋友。丈夫對我的格陵蘭島越冬計劃非常好奇，我邀請他乘我的船出海。

第二天，在「伊維內克號」航行途中，他問了我很多問題，還拍了許多照片。

回到錨地後，他問我：

「如果要換船的話，你會選什麼樣的船？」

「我不知道……可能是一艘鋁製的船。」

「哦，那鋁製的船要多少錢？」

「嗯，這很難說，要看是哪種船……」

他報出了一個天文數字，問我是否足夠。

他想要表達什麼？我有點不太明白，只是困惑地回答說：

「是的，這應該夠了……」

我這才明白他是認真的。我有點難為情地向他解釋，我很愛我的船，它是我用所有的積蓄買來的，為了這堆廢鐵我幾乎賭上了性命，我對它有很深的感情。我是從家鄉島嶼開著它出發的，也會開著它回家。他似乎很驚訝，於是我接著說：

「不過，我的船有很多東西需要更換……」

「哦？你需要什麼？」

「嗯……一個新的發動機，新的船帆……可能還需要一個新的捲帆器……」

這些都是我目前無法購入的東西。

對方回答我：

「我是誠心想幫助你，我很喜歡你的計劃，你真有勇氣。」

這個人沒有要求任何回報，他說：「這件事你我知道就行了。」我永遠不會忘記他的幫忙，並對此非常感激。當然，無論如何我都會前往格陵蘭島，即使只能利用僅有的積蓄進行修繕。但多虧了他，這次冒險會在最好的條件下展開。

同一時間，莫妮克和我發起了第一次的線上募資，目標金額很快就達到了。我再次對所有的出資者致上最誠摯的謝意。

在聖巴泰勒米島，沒有一處地方可以真正完善出航的準備工作。我前往聖馬丁島，因為專門店和修船廠幾乎都在那裡。

「伊維內克號」再次離開海域，但這次的工作比在千里達時輕鬆許多，也更令人期待。這一次是要用新的東西替換舊的設備：發動機、風力發電機、船帆、GPS等。船上還裝備了AIS和銥星（Iridium）電話。

出發前，我決定回法國本土一趟，購買最後的裝備，並探望巴黎的家人。我見到了尼可拉．瓦尼耶，我很幸運能認識他，他提供我建議並協助我準備禦寒裝備。他把自己不再使用的東西都給了我：一頂帳篷、一雙雪鞋、一件大衣、一條褲子、一雙鞋子……這些都是為了適應極地溫度而設計的。我很榮幸像他這樣的冒險家能協助和鼓勵我。我還買了一套防寒救生衣和航海服，購入電腦、攝影器材、攝影機和硬碟；我想為這趟冒險拍攝影片並製作攝影報導。

離開法國後，我還花錢買了一架無人機。在聖馬丁島認識的尤安教會我如何使用它，並說服我它對航行會有幫助。

出發的日子即將到來。一年前，我來到聖巴泰勒米島，不知道會發生什麼，也不知道會在這裡待多久。這一年過得飛快，我不敢相信自己就要離開熱帶生活了。我在探索加勒比海地區的同時，也做了許多工作，還結交了一些好朋友，但是又要和他們分別了。

我快速整頓一下船上擺放的物品。如果想要安裝暖氣，就得騰出空間。我留下了槳板，把衝浪板送給艾里和安東楠這兩個島上的小兄弟，我會很想念他們的。

在聖約翰海灘舉行了美好的告別晚會之後，出發的時刻到了。

第二部

冰封之海
越冬

10

六月二十九日，早上六點，莫妮克隨著日出開始啼叫。我人已經在甲板上，興奮莫名。我急不可耐，還沒收拾好「伊維內克號」，船裡面堆滿了亂七八糟的東西。一隻白尾熱帶鳥從我們頭頂飛過，我最後一次回望這片小小的火山岩，還有上頭開著白花的仙人掌和椰子樹。向北航行吧，我的莫妮克！

我興奮的心情很快就被澆熄了。船上的自動駕駛儀是少數幾個沒有更換的零件，在船行幾海里後它就罷工了。我連續掌舵十四個小時才抵達維京群島，並在維京戈爾達島（Virgin Gorda）的一處小荒灣下錨。我試圖找出問題，結果是一根液壓軟管破裂，但它是特規零件。我乘小艇來到最近的港口，零件被送到附近的托托拉島（Tortola）。同一時間，停泊處的鄰船著火，可能是短路引起。現在做什麼補救都為時已晚，大火已經燒到了索具。幾分鐘後，帆船就沉沒了。這令我感到心驚，幸好船上沒有人。這件事的啟示是，離開「伊維內克號」時一定要關掉電源。

我抓緊時間安裝修好的零件，繼續向北航行。航程很順利，莫妮克又開始了她搜尋飛魚的好習慣。至於我，我根本沒辦法釣魚，因為帆船正在穿越一大片馬尾藻。這些褐色海藻最近入侵加勒比海，是因為亞馬遜河和剛果河的汙染，所造成不折不扣的生態浩劫。這些海藻被洋流帶到數千公里外的海域，隨著氣候暖化，它們大量繁殖，扼殺所到之處的動植物。大自然因為人類而失衡，我感到無力與悲傷。

航行九天後，我們不得不在百慕達停留，等待一個低壓通過。我停留了整整十八個小時。停留期間，我更換了新發動機的機油，然後加滿水和柴油。

我繼續向北航行，前往哈利法克斯（Halifax），我的朋友安德烈亞在那裡等我。當我離開聖巴泰勒米島時，他也準備好駕駛帆船去冒險，但他的船卻遇難了。我建議他和我一起從加拿大到格陵蘭島之間航行一小段路程，看看莫莫是否願意和他同住幾天。

出發兩天後，一個低壓變成了風暴，海浪瞬間變得洶湧，我花了五個小時緊握船舵，降下了所有的船帆，我試圖改變航向，以便以有利的角度迎接海浪。有些浪潮高達近十公尺，風速計記錄下高達五十節的陣風。我以前從未見過這麼大的風浪。我被海浪打得暈頭轉向，筋疲力盡，雖然這一切並沒有持續太久。

最初幾天比較平靜，接下來的航程則是由黃昏的景色來定調。大海和日光在淡紫、金黃、紫紅和藍色的調色板中交相輝映，美麗的景色就像水彩畫一樣。天氣放晴後，我升起了球帆。雖然必須在強對流來臨前及時收起它，以免船身失去平衡，但它仍然是我最喜歡的一面帆，它的風姿令人讚嘆。莫妮克幾乎每天都下蛋。我們的航路與海豚和鯨魚交錯，那景致真是壯觀。正是這些時刻讓我確信，我選擇了正確的冒險。

接近哈利法克斯時，已經經過了兩週的海上航行和一千六百海里的距離，氣溫開始下降，莫莫回到船艙裡取暖。霧氣升起，我駛入通往哈利法克斯港的長航道，水流速度為四節，能見度幾乎為零，高樓般大小的貨船攪動著水面，似乎沒有任何東西能阻擋這些海上巨獸。我感到不安。最後靠岸時，我有些心神不寧。海關人員上船，問了我很多問題。看到船上的香蕉，他們告訴我，通常水果和蔬菜是不可以帶進來的，但他們對我網開一面，於是我決定坦白相告：「對了，我還有一隻母雞！」他們半信半疑，不知道我是不是在開玩笑。於是我拿出關於我和莫莫的報導，他們覺得很有趣，態度也軟化下來，還拿走那本《VSD》週刊，同時建議我不要太張揚。謝天謝地！

這次停留讓我可以進行最後的採購：抵禦攝氏零下四十度低溫的睡袋、美麗諾羊毛衣物、手套、帽子、野營爐，所有我認為在極端條件下生存的必備物品。我買了兩袋二十公斤的米。最後一天，又忍不住買了一副漂亮的粉雪滑雪板！海豹皮的話，可以在格陵蘭島找到。購物到此為止。哈利法克斯是一個綠意盎然的城市，在這裡的生活很愜意。安德烈亞已經抵達，啟程的時候到了。

11

經過三天愉快的航行，我們抵達了聖皮埃爾和密克隆群島（Saint-Pierre-et-Miquelon），這是位於世界盡頭的一小塊法國領土。我們受到了當地居民的熱情歡迎，每個人都面帶笑容。當地電視台來船上進行拍攝，我們還上了電視新聞的頭條。

莫妮克比以往任何時候都更加勇敢，毫不猶豫地從船上跳到碼頭，但最後卻失足掉進了水裡。我都還沒來得及脫衣服，她就已經游到了船舵並爬了上去。我把她抓回來，在碼頭給她洗了個溫水澡。

當地正在舉辦搖滾與蘭姆酒（Rock'n'Rhum）音樂節，這是在〈路易大兵樂團〉（Soldat Louis）樂聲中，享受聖皮埃爾和密克隆群島歡樂和友好氣氛的最後一次機會。

氣溫明顯下降，我開始在船艙內為莫妮克建造一個室內小屋。我找到了理想的地點：右舷臥鋪下方。經過半天的敲敲打打，我叫莫妮克來參觀。她走進去，四處看了看，撥弄了幾片木屑，然後趴下——她接受了！一年前，如果有人跟我提議要把雞安置在船艙裡，我絕對會大聲反對！

下一站：格陵蘭！

離情依依，每個人都想多留我們一會兒。漁民們送我們魚、扇貝，有的甚至一次送上十隻龍蝦！我還是沒有冰箱，但是只要打開地板，東西就可以直接接觸到船體。由於鋼能導熱，食物的儲存溫度將和海水溫度相同。貨艙充當冰箱是個不可忽視的優勢。

離開聖皮埃爾和密克隆群島後，我們就面臨前所未有的航行挑戰。帆船遭遇了真正的風暴，迫使我們在巨浪中逃竄。隊友協助我，但我仍緊握著舵柄不放。氣溫持續下降，大雨傾盆。我們凍僵了，渾身濕透，這是一次不折不扣的考驗。不過還是有個好處，我在聖馬丁安裝的風力發電機全速運轉，電池一直是滿電狀態。另外，日照開始減少，夜晚變長，我不能再依靠太陽能板了。

也在此刻，我發現集水器有破洞，我們失去了所有的淡水儲備，必須開始節約用水。用海水做飯很麻煩，甚至令人作嘔。

距離格陵蘭島還有三天航程的時候，天空中出現了綠色、黃色、粉色的「面紗」，它們在我們頭頂上舞動，彷彿外星人在播放全息投影。它出現了！我第一次看見極光，這比我想像的還要美麗。我們驚嘆地抬頭仰望，「伊維內克號」的桅杆似乎在指揮著這場光之禮讚。

八月十九日，第一座冰山終於出現，那景象真是難以形容！一座佈滿斑點的冰山矗立在湛藍的海洋中。我靠上去，直到船頭觸碰到它。多麼激動人心的時刻，你無法分辨它是位於天空還是海面上，它漂浮在兩者之間。我被眼前景象迷住了，冒險之旅又上升了一個層次，但這也意味著一段需要高度警覺的航行即將展開，每時每刻都需要小心謹慎。

很快，我們就會在漂浮的大冰塊之間航行，任憑它們撞擊船體。景象很美、很奇特，但也有些令人緊張。在地圖上，格陵蘭島南部顯得支離破碎，是一片佈滿孔洞的陸地，有無數小島，我們必須在它們之間穿行。我擔心會遇到淺灘，我手邊沒有精確的海圖可以預測它們，但幸好有安德烈亞在。他在桅杆上瞭望，以便及時發現較大的冰山，有時他甚至會乘小艇去偵察。我們小心翼翼地前進，然後進入了一處海灣。

這裡的風景與我想像的不同，色彩繽紛豐富，灰色岩石上覆蓋著黃色、綠色、赭色和紅色的苔蘚。格陵蘭島南部這裡還是夏天，天氣很好，莫妮克在甲板上散步，冰洋在日光下閃閃發光。

我們沿著峽灣而上航行了幾個小時，遠處終於出現天線，然後是一些五顏六色的小房子，像樓梯一樣上下排列著，形成一道從海平面升起的五彩懸崖。我們降下帆，繼續用馬達航行。幾艘船全速超越我們，激起的水花讓「伊維內克」搖晃起來。

我緩緩駛入通往小港口的航道，在漁船之間穿行。我們抵達了卡科爾托克（Qaqortoq），將「伊維內克」停泊在碼頭，對面是一家魚工廠。我「安頓」好莫妮克——也就是說，我把她推進小屋的最裡面，然後在前面堆滿東西把她藏起來。接著我播放音樂，以免有人聽到她的咕咕聲。在跳上碼頭之前，我最後一次叮囑她：「莫莫，別搗亂，別出聲。」

這裡似乎沒有港務局，或者我們沒有注意到。所有東西都是用格陵蘭語寫成，有很多q和k的字母，我根本看不懂。最後，我們找到了一個像是警察局的地方。

我和安德烈亞向眼前兩個傢伙說明來意，他們顯然不太明白我們來這裡做什麼。其中一個人勉強能說英語，我向他解釋說我們是從聖皮埃爾和密克隆群島過來的。他回答我：

「嗯，恭喜，很好……那你們想要什麼？」

經過一番交流，我意識到我白擔心了，這裡不需要正式申報，而且港口是免費的。歡迎來到格陵蘭！

我在卡科爾托克第一次接觸到因紐特人。以歐洲的標準來看，這座城市很小，居民不到四千人。我發現了一家製革廠，顯然很出名，因為它是格陵蘭島上最後一個仍然從獵人那裡購買海豹皮來製作毛皮的地方。我很驚訝沒能找到適合我滑雪板的海豹皮，結果他們告訴我：「格陵蘭不能滑雪！」

在我的船旁邊，有些孩子正在釣魚，我們彼此雞同鴨講：我用英語跟他們說話，他們用格陵蘭語回答我……結果我們同時笑了起來，立刻就成了朋友。當地人慢慢聚集在我們四周，夾雜英語和格陵蘭語問我問題。在聽我描述這趟旅程時，他們都驚呆了！

卡科爾托克所有的東西都是進口的，所以價格昂貴。我買了最基本的食物，一些準備過冬用的魚餌和一點柴油。這裡一小時的上網費用相當於八歐元，這就是遺世獨立的代價，我們確實身處在世界的盡頭。

我還需要購買一把槍來嚇阻北極熊，同時也是遇到危急情況的最後手段。我不知道該怎麼做，我這輩子從來沒有買過槍，當然，我也沒有槍枝許可。但在這裡沒問題，槍枝採開架式販售！在超市裡，卡賓槍就擺在麵包區旁邊，而且還有多種選擇。我像個傻子一樣站在二十款卡賓槍面前。隨便選了一把，把它和幾盒子彈一起扔進購物車裡。我到收銀台結帳，然後走出商店，胳膊下夾著卡賓槍和法棍麵包。

三天後，我們揚帆啟航，前往格陵蘭島首府努克（Nuuk）。到達努克後，我將盡可能向北航行，靠近北極，尋找一處適合過冬的避風港。在地圖上，我看中了烏佩納維克

（Upernavik），一個位於巴芬灣（baie de Baffin）的村莊，它四周環繞著小島和小海灣。我計劃沿著海岸悠閒航行，最遲在十月一日，也就是北極入冬前抵達那裡。

此刻，我們航行在陡峭的山脈之間，不時可以看到細沙灘穿插其間。當我們遇到其他船隻時，船員們會向我們打招呼，說著我聽不懂的話，我會報以燦爛的笑容，大喊道：「French！Français（法國人）！」他們也跟著笑了起來。反正他們一定知道我們是外國人，因為本地人不會在這裡駕駛帆船航行。帆船就和滑雪一樣，格陵蘭顯然沒人這麼做！

雨和霧突然襲來。我們被一片乳白色面紗所籠罩，在棉花般的景色中盲目前行，過程既可怕又夢幻，海平線宛如一片海市蜃樓。水深突然變淺，在這種情況下，我很慶幸自己的船是活動龍骨而不是固定龍骨！

黃昏時分，四周一片空寂，沒有人煙，也沒有植被，只有一片火紅的天空，映襯出海豹的小腦袋、鯨魚的噴水柱和冰山在海平線上的輪廓剪影。夜裡，「伊維內克號」的尾跡披上了翡翠般的綠色光芒，浮游生物回應著北極光，時間彷彿靜止了一樣。

我們抵達伊維圖特（Ivittut）。根據地圖顯示，這是一個有一千名居民的大村鎮，我們希望能找到一處供暖的地方喝杯熱巧克力，也許還能吃點東西。然而，隨著海岸越來越近，我們仍然看不到任何燈光。

我們把船停靠在一個破舊的碼頭上。真奇怪，村子裡空無一人，大塊木板封住了房舍的門窗，街道上散落著動物屍體和鯨魚骨，一切都處於荒廢狀態，鬼城籠罩在詭異的光線中。這令人感到不安，快點回船上去找莫妮克吧。我們開到更遠的地方下錨，那裡有處更令人安心的海灣。後來我才知道，之前那座城鎮在一九八七年因冰晶石礦井關閉而廢棄了。

我終於安裝好了我們的暖爐，這將是我們唯一的取暖設備。但我還不太熟悉如何調節溫度，船艙裡熱得讓人窒息，有攝氏二十五度！莫妮克似乎很高興，而且她很快就明白熱氣往上升的道理，找到一個高處的棲息位置！

我們在帕繆特（Paamiut）過了一夜，旁邊是一艘格陵蘭漁船，船頭裝有一只用來捕鯨的巨大魚叉；捕鯨在這裡並不違法。我一方面為這些生活在世界盡頭的人們感到難過，另一方面也尊重他們為了生存而殺生的傳統。格陵蘭人主要靠捕魚和狩獵為生。與我們這些生活在溫帶的西方人不同，他們別無選擇，他們的領土幾乎全年都被冰雪覆蓋，無法種植任何作物。他們大部分的時間都在為冬天儲備物資，海洋動物的脂肪可以幫助他們抵禦極端溫度，為他們在北極的冬天提供生存所需的鐵和維生素。

離開帕繆特時，我們釣到了第一條野生鮭魚！這對過冬來說是個好兆頭！我把魚清理乾淨，切成幾塊，然後儲存在「冰箱」裡，也就是船艙底部。現在那裡已經成了冷凍庫，因為海水的溫度接近零度。

晚上，我們親手做壽司，莫妮克非常開心。安德烈亞和我交換了做菜心得，我必須承認他是一位出色的廚師，真高興有他在船上。他是完美的隊友，和藹可親，總是樂於助人，而且莫妮克似乎也很包容他的存在。

經過一週的航行，我們來到了凱凱塔蘇瓦夏特（Qeqertarsuatsiaat）這個小村莊，它地處帕繆特和首都努克之間。

我們與當地居民打交道，他們帶領我們乘坐四輪摩托車參觀村莊，並邀請我們一起乘坐機動船出海。村民用高倍數望遠鏡觀察無人居住的小島，我們知道他們其實是在為狩獵馴鹿做準備。

在繼續往北航行的途中，我們遇到了一座巨大的冰山，它閃著藍色光芒，水滴不停滴落下來。我被這座冰山深深吸引，決定靠近它拍些漂亮的照片。我們在這座冰雪巨物上下錨，然後乘坐小艇離開，以便為這一幕留下永恆的畫面——然後，災難降臨！我看到冰山開始變形，海水開始出現漩渦。帆船的船頭向下傾斜！我放棄拍攝世紀照片的機會，趕緊回到船上，以免它沉沒。冰山正在翻轉。我跑到已經傾斜得很厲害的甲板上，拿出刀割斷繩索。謝天謝地，船尾重重地回落海面。我們趕緊全速逃離，以免被冰山崩塌引發的巨大海浪所衝擊。

我差點就失去了我的帆船！剛才好險！真是蠢爆了！第一課：請保持距離！

我應該在來這裡之前就先打聽一下，閱讀關於冰山的資料。我的無知差點讓我們喪命，徹底結束這次的冒險。面對冰山，不能掉以輕心，它不是一座矗立在海中的山，它像岩石一樣堅硬，也像泥土一樣脆弱，任何一點動靜都可能讓它失去平衡。現在，我明白了。

從驚嚇中恢復過來後，我們面對著一片開闊的細沙灘下錨。我們和莫妮克一起上岸，讓她活動活動筋骨，欣賞一下風景。這裡的景色出奇地像布列塔尼。

二〇一五年九月十三日早上六點，我們抵達努克。二十一天前，我們從卡科爾托克出發，與強勁的水流和逆風搏鬥。這次加上湧浪，我們必須在小島之間穿梭時加倍小心。夜晚總令人提心吊膽。我的雷達可以偵測到冰山，但卻無法探測冰山碎片。這些碎冰雖小，但仍可能損壞船隻。最後，我們只能依靠引擎緩慢前進，並打開前方的探照燈，盡可能早一步發現它們。我們睡得很少，很高興現在能休息一下。我在聖馬丁島的朋友尤安今天會來和我們共度幾天時光，他是一位出色的無人機駕駛，我迫不及待想向他學習如何拍出美麗的畫面。

碰巧我停泊在法國海軍船艦「馬拉巴爾號」（Malabar）旁邊，它是一艘五十公尺長的遠洋拖船，駐紮在布雷斯特。晚上尤安到達後，我們就和來自布雷斯特的水兵們一起狂歡。

尤安為我們帶來安地列斯群島的好天氣。我們在烈日下離開努克，前往錫西米尤特（Sisimut），安德烈亞將在兩天後從那裡搭飛機離開。大約有四十隻海豹在我們的帆船附近游泳，我試圖靠近牠們拍攝，但每次一把鏡頭對準，牠們就會潛入水中！

第一天，我們只航行了三十海里，因為總是有各種理由停下來拍照。儘管很小心，我們還是撞上了一塊岩石。撞擊導致活動龍骨升起，所幸只是虛驚一場，並沒有造成嚴重損壞，但這就是沒有詳細海圖的後果，我們必須加倍小心。我降低了船行的速度。晚上，我們在一處如天堂般的海灣下錨，周圍都是小島。我很享受和朋友聚在一起共享這些時光，即使我迫不及待在幾天後獨自繼續我的旅程。

黎明時分，海面平靜如鏡，真是太美了。但這美景不會持續太久，因為風勢開始增強。我們一點一點減少帆面，直到全部降下。過了幾個小時，我們才意識到一場風暴即將來臨。我們必須趕緊找一處避風港，但附近沒有。黃昏時分，我們來到一個村莊附近，航道很難進入，必須穿過位在岩石間一條很小的通道。我們以為自己在跟著一個紅色的航標，但其實那只是遠處一扇窗戶的燈光，結果就是帆船被困在礁石中。最後，我們成功脫困，找到正確的通道。即使在港口裡，海面也很洶湧。我們試了三次才把「伊維內克」停靠在碼頭上。我們將繩索拉長到極限把船身繫好，以減緩潮汐的來回和拉扯。第二天早上，我們立刻準備離開碼頭，漁民們試圖勸阻我們出海，但「伊維內克」無法再次承受一整晚的衝撞，而且安德烈亞會錯過他的航班。我把小艇繫在甲板上，同時把所有零散的東西都收進船艙裡。

我們全速前進，但速度只有半節。海面波濤洶湧，可是我們必須前往外海，在淺灘間沿著海岸航行太危險了。海浪一個接一個，有八公尺這麼高。我們試圖垂直面對每個浪頭，順風航行。「伊維內克號」多次被掀翻，但又重新擺正。風速計記錄到的陣風風速達六十節，前所未見。駕駛艙變成一座海水游泳池，水溫接近攝氏三度。我們濕透了，凍僵了，沒人開口說話。尤安回到船艙裡取暖。我記錄下了一個十六點四節的衝浪速度，創下「伊維內克」出航以來的記錄。經過十三個小時的搏鬥，我們始終緊握著舵柄，最後抵達錫西米尤特的港口。安全了，噩夢結束了。

船艙裡一團亂，莫妮克的小屋是敞開的，不見她的身影。我們掀開地上的衣服堆，她在這裡！還帶著她的蛋！這隻母雞太不可思議了。

安德烈亞在錫西米尤特與我們道別，帶著滿滿的回憶，並決定再買一艘船馬上啟程去冒險。

我們和尤安繼續航行，前往伊盧利薩特（Illulisat），一個擁有六千居民的大城鎮，以格陵蘭的標準來看。這是我計劃在越冬前最後一次進行補給的地方。現在，夜晚越來越長。航行幾個小時後，引擎故障了——拜託，不要現在出問題！我們勉強前進，風力很小，我不得不開小艇推著「伊維內克號」前進。這期間無人機幫了大忙，只要找不到通道時，我們就派它前往偵察，高空視角可以幫助我們確定方位。

進入迪斯科灣時，我們被迫在巨大的冰山間曲折前行，就像是被五十到六十公尺的高牆所環抱。有了前幾天的經驗，我決定盡量不要靠得太近，直到我看見一座拱形冰山。「我一定要到它下面去划槳板。」我說著，便降下船帆，穿上泳衣，拿起 GoPro，然後跳了下去。尤安用無人機在空中拍攝。划了一段時間後，冰拱就在我頭頂正上方。

我抬頭一看，有些地方有細小裂縫。這種有點冒險的行為可能不太理智，尤其是我沒穿鞋就出發了，雙腳現在已經沒有知覺。回到船上，待在溫暖的船艙裡，我們看著拍下的畫面，發現這座冰山確實有裂縫，它隨時可能坍塌在我身上。

我們在清晨抵達伊盧利薩特，前一晚我們是在凱凱塔蘇瓦夏特（Qeqertarsuaq）下錨，避免在夜間進入港口。風越來越大，引擎又壞了，在被冰層包圍的情況下穿過航道看來是不可能的。

伊盧利薩特是格陵蘭島上「最受歡迎的旅遊城市」，因為它對面就是雅各布港冰川

（glacier de Jakobshavn），北極最大的冰川之一。也是因為這個原因，來此的海路經常受阻，因為會有大量的冰塊崩落。

港口已經滿了，我們只能選擇與一艘漁船並排停泊。由於引擎故障，我們得依賴小艇才能將「伊維內克號」推到碼頭。

尤安在這裡結束了他的旅程，記憶卡裡裝滿了令人驚嘆的畫面。我期待與他再會，告訴他後續的故事——而後續的故事，現在就要開始了！

首先，引擎是當務之急，我必須盡快把它修好。幸好它還在保固期內，但需要訂購零件，這可能需要一個多月的時間。時間過得飛快，已經是九月底了，我一點也不想在伊盧利薩特港口過冬。現在夜裡非常寒冷，到了早晨，海面上會覆蓋一層薄冰阻礙船舵。為了清除冰塊，我必須用破冰錘敲打冰面——這器具是我在伊盧利薩特購入的第一批物品，一種末端帶有鋒利金屬刀片的大木柄工具，有點像是木工鑿子，因紐特人會用它來測試冰層是否堅固或是鑿洞放入冰釣的魚線。

白天，我會在城裡逛逛。莫妮克待在她溫暖的小屋裡，我可不想看她變成烤雞，但她已經很習慣待在離火爐兩公分的地方。

我在伊盧利薩特買了過冬所需的所有裝備：十五個六十升的油桶，另外還有些二十升的油桶；六個兩百升的鋼桶，用來儲存柴油。我可以攜帶超過兩千升的柴油。一旦被困在冰層中，就不可能再補給油料，而為引擎和耗油量很大的暖氣提供燃料將非常重要。

當引擎零件終於送達時，已經是十月中了。早該是時候了！在伊盧利薩特，我開始感到焦躁不安。心存懷疑的人們問了一些我無法回答的問題。

「可是你想去哪裡？」

「我不太確定……就往北走……」

其實，我很擔心。現在每天只有二到三小時的日照，而且海冰越來越多，要不了多久，我們就無法離開港口了。要前往烏佩納維克，我們還需要航行三百五十海里，而且是在極端條件下。獨自一人，這可不是件容易的事。

十月十八日，我們終於離開了伊盧利薩特，引擎狀況良好，甲板上堆滿油桶。早上六點，我穿上毛褲和毛衣，船艙裡一片漆黑，但是港口的燈光應該會透過舷窗照進來才對啊……我打開海圖桌上的燈：帆船竟已經被雪覆蓋！我打開引擎艙，檢查水位和油位，轉動鑰匙啟動，結果什麼反應都沒有……好吧，其實有一聲「咔噠」。但這是在開玩笑嗎？我再次打開引擎艙，撥弄了一下電線，這次才成功啟動引擎！我穿上靴子，走出船艙。

潮水退去，但港口仍然結冰。甲板上的絞盤無法轉動，繩索被凍得僵硬。為了解開繫泊繩的結來開動「伊維內克號」，我不得不使用一把大螺絲刀。不出所料，船舵又被凍住了，我花了好一段時間用撬棍敲碎冰塊，然後站在船頭，藉助破冰錐才讓船從碼頭離開。接著我掛上前進檔，出發了。

這麼做對嗎？我不去考慮這個問題。無論如何，我已經知道答案了。當然，我有點大膽，有點不自量力，但是在付出了這麼多努力之後要我放棄，我做不到。

離開港口時，冰層太厚，我無法找到通道。突然，我看見一艘大型漁船正在駛離港口，我等它超過之後，就跟在它的尾流中。漁船動力強勁，破冰前行。不幸的是，它速度太快了，等我開著我的小馬力帆船趕上時，冰層已經重新合攏。幾分鐘後，我發現自己被困在一個由冰山、浮冰和冰塊組成的迷宮之中，無法繼續前進。

此時，天亮了。低沉的太陽給大海帶來了一種奇異、不真實的光芒。再過兩三個小時夜幕就會再次降臨，屆時我將看不見任何東西。

我爬上桅杆頂部，發現了一條開闊的水道。黑夜開始降臨。我向西北方向航行，不知道會去到哪裡。我避開較大的冰塊，用撐杆推開較小的冰塊。約莫下午四點，船行來到伊盧利薩特和迪斯科島之間，我在海灣東側、島嶼外圍的下風處下錨。整晚我都在忙著推開撞擊船體的浮冰。隔天早上，一座巨大的冰山緊貼著我們，帆船的錨鏈牽制它不再漂移。我得多放出四十公尺的錨鏈，才能為「伊維內克號」騰出空間，藉此遠離冰山並從右舷繞過。

我一直掌著舵，沒有絲毫懈怠，破冰錐就放在手邊。經過幾小時的航行，我們來到了一座小海灣，距離最近的村莊薩卡克（Saqqaq）只有幾十海里。離開伊盧利薩特港到現在，已經過了四十八小時，卻只航行了大約五十海里。我開始感到沮喪。在這種條件下，我怎麼可能再航行三百海里？

第二天，就算是大白天也會結冰。船上的繩索硬得像木頭，我無法再操控船隻。也許我應該仔細想想：「吉雷克，停下來吧，這是在送死……」我含著淚，調轉船頭，往南駛向薩卡克。

12

冰層讓我吃了很多苦頭，突然間「伊維內克」搖晃起來，原來是不知從哪冒出的兩艘高速漁船。我無法以同樣的速度航行，但我看到了通道，於是跟在它們後面進入。太好了，我終於看到了村莊。色彩繽紛的小房子坐落在雪地上，在漸漸暗去的天色中顯得格外溫馨。現在，我可以看見一座很小的碼頭，還不到我船身的一半，而且只能架梯子上去。

我拿起繩索準備繫船，它們和我的手一樣凍僵了。這時，一艘摩托艇像個魯莽的司機一樣，就在我眼前搶走了我的位置。真不要臉！我掛上倒檔，等他卸完貨。當對方離開後，我拿出撐杆，頂著風，試圖靠近碼頭。

碼頭上有兩個人看著我幹活，一動也不動。這是在開玩笑嗎？在我試圖穩住船身，同時還要把像鐵一樣硬的繩子穿過他們腳邊的固定環時，他們卻袖手旁觀，我簡直不敢相信。

我怒氣沖沖地停好了船，這時其中一人走過來，用英語問我在這裡做什麼。這問題對我來說已經司空見慣。我告訴他：我從伊盧利薩特過來，正打算前往北方。對方盯著我看，好像我是個瘋子。為了說服他們我沒有胡說八道，我拿出地圖，指著烏佩納維克。對方靠上來，要我確認他是否理解正確，我是真的想去那裡。接著他搖搖頭。

「危險！很多冰！不要去！不可能！」

危險？不可能……

很多冰？但我想要的正是冰！浮冰，那正是我要去前往的原因！他聽我詳細交代我的計劃，再次搖搖頭，轉身和他的同伴交談了一會兒。

然後他用堅定的語氣對我說：

「早就已經入冬了，太危險了，你為什麼不留在村子裡呢？」我不知道該怎麼告訴他們，這次在海上越冬對我來說很重要。我擔心他們不會理解。

看到我失望的表情，他們明白這個計劃對我來說真的很重要。

兩人再次俯身看著我的地圖，似乎在尋找什麼。最後，他們指著兩三個地方，好像在說：

「如果你願意，也許可以停在那裡或那裡……」

其實這些外表粗獷的傢伙只是想幫助我。會說英語的叫做馬蒂亞斯，在薩卡克的魚工廠工作，他很想幫我，但他不是漁夫，對航海也不太了解……在溝通的過程中，其他人紛紛聚集在碼頭上，知道我的目的地之後，大家都不約而同地表示：不可能再往北走，太危險了。

我開始猶豫了，也許我該停止固執己見。算了，我就留在這裡吧。難得有一次我會聽從別人的建議，即使心裡並不開心。這是他們的地盤，他們比我更清楚在這種極端條件下可以做些什麼。如果我被困住，沒有多餘的柴油，也就是說沒有暖氣持續六個月，我就笑不出來了。我出發得太晚，現在是十月二十日，幾乎沒有日照，風暴不斷而且到處結冰。另外，由於我們靠近磁極，自動駕駛儀和指南針都會失靈。船上的繩索凍住了，絞盤也轉不動。雖然很遺憾，但我還是決定了，我要在迪斯科灣北部過冬。

回到船上後，我在村莊前的海灣下錨，然後拿了兩只油桶，因為在格陵蘭到處都可以買到柴油，我只要沿著村莊的主街走就能找到。正當我加滿第二個油桶時，一名騎著雪地摩托車的男人來到加油槍旁。他四十多歲，說英語的口音很重，一開始我還以為他在說格陵蘭語。

「什麼……？」

「烏諾！我的名字。」

「啊，你好，烏諾！我是吉雷克，來自法國！」

「Tikilluarit！歡迎！Kaffe？咖啡……？我家？來！」

「哦……好的，太好了！我很樂意！謝謝你！」

每次受到邀請，我不喜歡空手上門，總是會想辦法帶點禮物。但在這裡，情況沒這麼簡單，於是我有了一個主意：莫妮克下的蛋！今天早上剛下的新鮮雞蛋。我回到船上，拿了最新的一顆蛋，小心翼翼用紙包好。烏諾和他的妻子、女兒一起迎接我，他的女兒英語說得很好。雞蛋和母雞的故事讓他們開懷大笑。他們從未見過這麼新鮮的雞蛋，至於雞，他們只在電視上或盤子裡見過！

事實上，所謂的「咖啡」原來是一頓真正的晚餐。這裡的人們總是會邀別人來喝咖啡，即使沒有咖啡，這也是他們表達「過來吃晚飯」的方式。烏諾和我一見如故，儘管我們沒辦法用英語交談，但這一點都沒影響。在他女兒協助翻譯下，我說起布列塔尼、穿越大西洋的經歷，說起安地列斯群島、與莫妮克的相遇，以及我的計劃：在浮冰上生活六個月，完全自給自足，沒有任何通訊方式。我拿出地圖，讓他們看看馬蒂亞斯和其他漁民指給我的地方。

「你為什麼不帶著你的船，和我們一起在薩卡克過冬呢？你一個人會很無聊的！而且，你知道，這裡沒什麼可做、沒什麼可看的——只有冰！如果你遇到問題的話，怎麼辦？」

該怎麼向他們解釋這場冒險的目的就是獨處，與世隔絕呢？我不害怕，我裝備齊全，我有我的小艇、帳篷、保暖的睡袋、救生衣，還有足夠儲存兩噸柴油的地方。在格陵蘭的村莊裡過冬當然很棒，但這不是我的計劃，更何況我原本是想去更北的地方。我實在不願意承認我是被迫在迪斯科灣過冬，我非常失望，我知道在這裡幾乎沒有機會看到北極熊。唯一的安慰是，我本可能會被困在伊盧利薩特的港口，夾在機動船和魚工廠之間。

明白我是個固執的人之後，烏諾決定幫忙，他會和他的漁夫朋友們一起，協助我找到最合適的地點。

回到船上，我發現莫妮克在小屋裡安穩地睡著。我在筆記本上寫了一些東西，然後去睡覺。

雖然很累，但是我卻無法入眠！都是因為那些狗，牠們叫個不停！牠們是純種的哈士奇，非常強壯，被譽為最好的雪橇犬。當地人負責確保牠們不會與其他品種的狗混血，以至於在高於錫西米尤特緯度的地方，一律禁止旅客帶狗進入。在村裡，所有的哈士奇都被拴在戶外的鏈子上，不准踏進家門一步；牠們只是工作的牲口，不是寵物。當然，對於一直把狗當作家人的我來說，這很令人難過，但對格陵蘭人來說，這根本無法想像。而且，當哈士奇年紀太大無法勝任雪橇的負擔，或者跑得不夠快時，他們就會棄養。

我在這裡的第一晚被冰山環抱，還有照亮村莊的北極光。

接下來幾天，我經常獲邀到烏諾家喝咖啡。靠著他借給我的一本英語格陵蘭語小詞典，我磕磕巴巴地說了幾句本地話，逗得新朋友們哈哈大笑。配合比手畫腳，我們終究還是能很好地理解對方。

在很短的時間內，我就認識了所有人，也就是薩卡克的一百五十名居民。沒多久，村裡的人都知道我從來不會空手赴約，總會帶上我養的雞所下的蛋。新鮮雞蛋在這裡非常受歡迎，進口產品完全不能比。人們會在街上攔住我，「吉雷克，你能給我們一個莫妮克的蛋嗎？」哈哈！我很樂意分送雞蛋，但莫妮克每天只下一顆蛋，很難滿足所有人！

至於莫妮克，她在薩卡克過得不太開心，因為天氣寒冷，她必須待在船艙裡，還沒有人見過她。但孩子們很好奇，他們想上「伊維內克號」看看。親眼看到之後，他們有點害怕。小朋友看著莫妮克，笑了，但是不敢靠近。盧卡卡，一個大約八九歲的男孩，把我當成了偶像，總跟著我到處跑，但是只要他必須和莫妮克獨處一會兒，他就會驚慌失措。

盧卡卡很快就成了我在薩卡克最好的朋友，他和我說個不停，不過我什麼都聽不懂，他只好在雪地上畫畫來向我解釋。他帶我走遍村裡的每個地方，學校、教堂、「社區中心」（Commune，一種多功能場所，可以在那裡洗澡、洗衣服、運動、修修弄弄），還有當地的連鎖超市皮勒蘇伊索克（Pilersuisoq）。我和盧卡卡一起深入每個角落，甚至包括垃圾場！他們扔掉的東西真是太多了！甚至是一些看起來還好好的東西，洗衣機、電腦、剛過期的食品。有一天，我還撿到了優格！這裡是世界的盡頭，但消費社會的概念卻已經根深蒂固。事實上，只要東西壞了，他們就會換新，他們什麼都不修理。

反正這裡既沒有電工，也沒有泥水匠、水電工。居民都是獵人或漁民，在魚工廠、學校、市政府或超市工作。如果他們想從事其他行業，就得去伊盧利薩特、努克或丹麥。這裡也沒有醫生，生病的話，可以在超市買到一些成藥。如果需要看醫生，就得去伊盧利薩特。冬天到處冰封，船隻無法通行，所以每週會有兩班就診直升機。

烏諾和他的朋友想到二、三個適合我過冬的避風海灣。在薩卡克東邊，有個叫做凱凱爾塔克（Qeqertaq）的村落，我在它下面看中了一個地點，我想在安頓前先去看看。這天早上烏諾出去釣魚時，提議帶我一起去，等他收完魚線後，可以繞道去那個海灣看看。我欣然接受他的提議，更何況據說烏諾是薩卡克最厲害的漁夫！

在等待這次出海的同時，我把莫妮克留在船上，自己在村裡閒逛，試著與村民交流，同時盡量不打擾他們日常的工作。我就是這樣認識喬拿斯的。那天他剛捕獵海豹回來，這對我來說非常新鮮。我走近，看他如何在冰上剝獸皮。海豹的每一個部位都沒被浪費：皮用來做衣服，還有脂肪、肉、內臟等。喬拿斯取出又長又細的胃，將它切開、掏空、清洗乾淨，然後切成小塊，放在戶外過冬保存，這就是開胃菜，是當地人的下酒零食！喬拿斯告訴我，更北方的居民甚至會留下眼睛。

放學後，孩子們除了在雪地上踢足球外，沒有什麼事可做，所以經常來等漁民們回來。他們有時會幫忙剝皮，但主要是為了等肝臟。大人們把臟器清理乾淨後，孩子們就會分著吃，他們滿手都是肝臟，趁著溫熱的時候食用，還遞給我血淋淋的碎塊。

「吉雷克，吉雷克，嚐嚐！來嘛，嚐嚐！」

我感到噁心，但好吧，我不能拒絕他們的好意……不好吃，真的不好吃。看到我皺眉，他們大笑起來，嘴唇上沾滿了鮮血。不過，這總比他們大量吞食的哈瑞寶（Haribo）糖果更加有益健康。

我還在努力消化肚裡那塊生肝，這時喬拿斯提議：「來我家喝咖啡吧！」

太好了。

我趕緊去沖澡。薩卡克沒有自來水，大多數的房子都沒有浴室，人們是去社區中心或學校洗澡。每個浴室都有兩個淋浴間，人們是成雙成對地洗澡！至於廁所……也很特別。因為沒有自來水和化糞池，馬桶底部會放著一個大的黃色垃圾袋。社區中心每週一次會派一名員工來收垃圾袋，把它們送到垃圾場。

我手裡拿著一顆莫妮克的雞蛋，到達了喬拿斯的家門口。那是一間位於海邊的黃色小木屋，和薩卡克所有的房子一樣，看窗子看出去，都是令人驚嘆的海景，而我坐在客廳就可以看到我的船。這房子室內裝修很簡約，也和村裡的其他家庭一樣，但配備相當齊全：平面電視、電腦、平板……什麼都有，格陵蘭百分之八十的人口都擁有臉書帳號。

我們入座吃飯。有馬鈴薯，這個我認識，但其他的呢？喬拿斯用手模仿海豚潛水和浮出水面的動作——我決定盡量少夾一點。另一道菜似乎是某種肉，是海豹肉。我同樣只夾了一點點。但喬納斯作勢抗議，然後夾了滿滿的食物放進我盤裡。我怎麼可能吃得完？為了不失禮，我還是吃完了盤子裡的食物。

海豹肉嚐起來像牛排，還不錯，但是我討厭海豚肉。我不許自己評判他們，狩獵是他們文化中不可或缺的一部分。這裡的土地無法耕種，食物都得仰賴進口，價格昂貴。撇開菜色，我花了很長時間聽喬拿斯講述狩獵和捕魚的故事。

隔天凌晨四點左右，我在烏諾船上和他碰面，展開一整天的捕魚行程。前一天，我們放下了一條底延繩釣線，上面有將近一千五百枚魚鉤，全部都在至少一千公尺的深度。相比之下，在我家鄉布列塔尼，當你在英吉利海峽捕魚時，最深的地方也只有一百公尺。烏諾每天都會捕到幾公斤的比目魚，賣給一家丹麥公司。該公司在薩卡克有一個倉庫，一艘貨船會來收取漁獲，然後運回丹麥。這些魚經過加工變成炸魚薯條和魚排，出現在世界各地的餐桌上。在薩卡克，捕魚可以帶來豐厚的收入，優秀的漁民能賺不少錢。但在這裡，財富不是拿來炫耀的，所有人都過著同樣的生活。

天還黑著，天氣很冷，到處都是冰。雖然現在才十一月，但捕魚季節已經接近尾聲。十二月初，所有捕獵活動都會停止，一直到隔年三月或四月浮冰融化。今天只要風一停下來，海面就會結冰。可是烏諾根本不在意，他直接加速，衝入冰層。我不是個膽小的人，但這時不禁想，我們可能會把船體撞壞。烏諾催起兩百匹馬力引擎的油門，衝上冰面，然後用船的全部重量壓碎冰層。如果手沒牢牢抓緊，很可能會被甩出船外。這裡的漁民都是這麼做的：船要麼衝過去，要麼撞壞，船身是否完好並非他們的優先考量。

這一次，沒有人沉船，但是烏諾的釣魚線和另一個漁夫的釣魚線纏在一起，我們花了不少時間才解開。更糟糕的是，烏諾還得區分漁獲：「這條是我的，那條是他的……」沒完沒了。由於不知道另一條線是誰的，烏諾只能將每條魚一條一條地掛回魚鉤上！這種尊重和同理的精神真是令人感動。

拿回「他的魚」之後，烏諾解開魚鉤，取出內臟，扔進海裡，此時海鷗會在空中接住它們。那天，他的箱子裡有一百多條大比目魚。最後，我們朝著我想瞧瞧的那個海灣疾馳而去。

太陽升起，光線很魔幻。海面因為覆蓋著一層薄冰而顯得光滑平坦，就像是一面巨大的鏡子。

這處海灣風平浪靜，我喜歡這個地方。從遠看去，沿海的凱凱爾塔克村顯得很小，比我去過的任何一個村莊都要小。

回程在看到薩卡克的時候，太陽已經下山，風也停了。火紅的天空映照在血紅色的冰面上！

第二天早上，我決定前往海灣，把第一批柴油桶運過去，不可能一次就讓所有的油桶都上船，那樣船會太重！我會去凱凱爾塔克加滿剩下的油桶，順便探索一下這個村莊。路途中，群山被白雪覆蓋，金色的陽光在山間勾勒出美麗光暈。到達海灣時，厚厚的冰層覆蓋了整個海域，我嘗試盡可能靠近海岸，但是冰層太厚，我無法前進。天色已晚，我別無選擇，只能在這裡過夜，算是第一次實地演練。

隔天，到處都是冰。天空和大海融合在一起，呈現出一片灰階色調。沒有任何聲音，只聽得見我的呼吸聲和冰山滴落的水滴聲。但我不能耽擱，我必須去凱凱爾塔克。

「伊維內克號」的引擎劃破了覆蓋在海面上的薄冰，我在較厚的冰塊之間靈巧地穿行，引擎全速運轉；必須保持速度才不會被困住。冰層越來越厚了，我屏住呼吸，帆船緩慢前進。經過幾個小時的努力，我們好不容易才離開海灣！

沒多久，我們再次停了下來。到處都是冰，一望無際，凱凱爾塔克似乎遠在天邊。

我必須趕快返回薩卡克，最後一次把帆船加滿油。我沿著昨天的路線回去，船行的痕跡還在。用來冷卻引擎的進水口結冰了，冰塊進入引擎的過濾器，如果引擎無法冷卻，就可能會故障。

真是麻煩！我被迫停下來至少二十次，清理過濾器然後再出發。我已經筋疲力盡了。

到達薩卡克後，我不知道該怎麼辦，我無法想像返回海灣途中還得重新再來一遍，而且如果這次我被困住了怎麼辦？我記得烏諾跟我提過另一個海灣，離這裡更近一些，航行幾個小時就能到達。我決定換個地方過冬，一有機會我就會前往那個海灣。

十一月十日至二十日期間，我會在帆船和陸地之間往返兩次，為油桶裝滿柴油。根據結冰的情況，然後，我會把油桶放在海灘上，面對我選擇過冬的地點整齊排列。我開始熟悉這個地方，海灣似乎很避風，我很高興。我迫不及待地想看到浮冰逐漸在我和莫妮克周圍成形，看著「伊維內克號」被困在冰層中。

油桶加滿後，我最後一次回到村子，向大家道別。Inuulluarit, takuss!（格陵蘭語：謝謝，再見！）

我最後一次連上網路，打了最後幾通電話給我的親人：母親、姐妹，包莫琳、諾維恩、芬蒂格，還有幾位朋友。我會想念你們，但冒險更重要。我最後一通電話是打給我父親。他很激動，鼓勵我，說他相信我。我們計劃春天時他來找我，父子倆作伴航行一兩個星期。我父親雖然不再年輕，但身子硬朗，是個好水手。這個主意讓我欣喜若狂。

晚上六點，解開纜繩的時候到了。我簡直不敢相信，我們的越冬冒險即將展開。滿月倒映在平靜的海面上，氣溫是攝氏零下二十度，碼頭徹底結冰，到處都是雪。纜繩太硬，無法操作，為了讓它們變軟，我在上頭澆了開水。我啟動引擎，「伊維內克」駛離碼頭，薩卡克的燈光漸漸模糊，然後消失在夜色中。冰塊撞擊著船體，北極光在天空舞動，億萬顆群星祝我好運，各種矛盾的情緒湧上心頭。我對著安裝在遮陽篷上的小攝影機自言自語。我大喊、尖叫、唱歌！「我沒有任何通訊工具，四十公斤的米就是所有的糧食，我們將在這美妙的大自然中度過六個月，忍受極端溫度……我很快樂！我希望自己沒有做錯……有嗎？不會的，別再胡思亂想了！必須勇往直前，加油！人生只有一次，吉雷克，必須好好享受，因為你永遠不知道明天會發生什麼。」

當時我還不知道，但這句隨口說出的話卻意義深重。

我們沿著冰山航行，這是我人生中最興奮的時刻！我們將在五月底或六月初歸來，等到冰層融化，我們就會重獲自由。十二個小時後，我駛入了海灣，天色仍然一片漆黑。沒多久，我的銥星電話就會關機。在最後一通電話中，我告訴父親我已經安全抵達。最後的幾分鐘也用完了。今天是十一月二十五日。

⑬

走了這麼遠，幾乎就要實現了我的夢想，最後卻在這裡畫下句點？不可能的，不要驚慌，焦慮無法解決問題。冷靜下來，好好思考，一定有解決的辦法，一定會有出路，總會有辦法的。**永遠要向前看，因為即使太陽不再升起，新的一天也會到來。**我會成功的，我們會成功的，對吧，莫莫？

14

關於這次的越冬計劃，我得到了各式各樣的回應：「這太瘋狂了」、「這太荒唐了」、「你是個瘋子」、「這是在送死」……不過我不想死。如果我選擇與世隔絕，那是因為我已經充分意識到其中的危險；我只是想要單單依靠自己去行動。因為今天只要遇到一點麻煩，人們就會求助手機，在網路上尋找解決方法。失去了這些便利，你就會重新學會思考，再次變得富有創意。當然，我也考慮過可能出現的健康問題，但是我會盡量不冒任何風險，提前做好一切準備。總之，我在出發前已經權衡了利弊，而且我沒有改變主意。

至於食物，我曾想過只靠捕魚、狩獵和莫妮克的雞蛋來維生。最後，我還是帶了四十公斤的米，也就是六個月平均每天兩百克，還有一公升的橄欖油。這樣飯菜的味道更好，也可以防止沾鍋。我還剩下兩盒牛奶、半塊奶油，以及一些香料和香草，包括月桂葉、迷迭香、孜然、辣椒粉、香菜，就這些了。如果我餓死了，莫妮克還有五十公斤的飼料，足夠她吃一整年。那味道我嚐過，不怎麼樣！

至於衛生，我只能將就了！在寒冷的天氣裡，我們不會出汗，味道也不會太難聞，再說莫妮克也不會介意……六個月不洗澡，只要船艙內不會太冷，用毛巾擦擦身體就夠了。至於上廁所，我的水桶就夠用了。我不知道冒險結束後我會變成什麼樣子。我已經留了一小撮鬍子，不打算剪掉，頭髮也一樣。我以前總是刮得很乾淨，頭髮也剪得很短，這對我來說是一個改變！

至於淡水，這裡有取之不盡的冰，而且薩卡克居民還會儲存冰塊。只要有一塊冰山擱淺在海灘上，他們就會撿回來。那是最純淨的水！

最後，我還有帶維他命D膠囊，每月服用一次。維他命C則是每天服用一片，這是為了彌補水果、蔬菜和陽光攝取不足。

如果遇到大麻煩，比如擱淺或是被迫棄船，為了在攝氏零下四十度的環境中求生，我準備了一個防水袋，裡面裝著每日三餐共十一天份的冷凍乾燥食品。如果省點吃，可以撐到二十天，足夠我步行抵達一個村莊。

當然，我不知道等待我的是什麼。但是，如果沒有什麼新發現，那又有什麼意義呢？我確信，這次獨特的經歷將會改變我，我會帶著滿滿的回憶度過餘生，而我現在感受到的些許擔憂也是樂趣的一部分！

現在這裡是早上六點，布列塔尼是凌晨兩點，所有人都還在睡覺。

我醒來時已經快十一點了，透過床頭的舷窗，只能看到微弱的光線穿過天際……太陽要到二月才會露臉，不過我還是要好好把握這只有幾個小時的曙暮光。再過一個月，就可能要等到二月才能再看到曙暮光了，這對情緒可能會有點影響。

我去看了莫妮克，她已經醒了，還下了個蛋！這是我們展開新冒險的第一顆雞蛋！甲板上的溫度計顯示攝氏零下二十八度，一座冰山趁著風勢漂到我們身邊。如果它繼續漂移，那就沒問題，但如果它擱淺在帆船旁邊，那就麻煩了。偏偏它就朝著我們直衝而來，我試圖用破冰錐將冰山推開，但它似乎動也不動。我考慮起錨，找一個更安全的地方，可是電動錨機壞了，我得徒手拉起六十公尺的錨鏈。

這時，我看見遠處有一點燈光，是一艘漁船，它似乎正朝我們駛來。

竟然是烏諾！這麼快就有訪客上門了？我用力向他揮手，用格陵蘭語向他打招呼：「Aluu！」

他在我旁邊停下來，關掉引擎，然後向我問好：「Qanorippit？（你好嗎？）」

我回答我很好：「Ajunngilaq！Ajunngilanga，qujanaq！（很好！我很好，謝謝你！）」

他繼續說了什麼，但話語被風吹散。他把手放在胸口，對我做了個「遺憾」的手勢，我還是不明白，只覺得好像很嚴重。

「來吧，烏諾，上船！Come on board！」

等身子暖和過來，烏諾就掏出手機，給我看一張截圖。是我妹妹諾維恩發來的訊息。我接過手機，內容是法語，我讀了一遍又一遍，卻覺得看不明白，無法理解，因為這根本無法想像。

我父親過世了。

事情發生在昨天。當我正在拍攝自己，大喊著我是世界上最幸福的人時，父親的心跳突然停止。

而現在，我卻像個傻瓜一樣，在這個偏僻的地方孤單地與一隻母雞為伴。

烏諾把我擁入懷裡。他不能久留，天氣不好，他想在天黑前趕回去。他再次緊緊地抱著我，然後就離開了。

我看著船漸行漸遠，烏諾最後向我揮揮手，消失在海霧中。

昨天，是我生命中最美好的一天；今天，卻是最悲傷的一天。

諾維恩的話在我腦海中盤旋，我依舊無法相信剛才讀到的內容。本來計劃再過一、兩個小時打給爸爸，再次對他說我所做的一切都是因為他。我父親的身體很好，我一直跟他很親近。他是唯一一個相信我計劃的人，也是我傾訴祕密的第一個對象，而現在，他卻不在了。

葬禮將在三天後的週一舉行，我卻無法參加。下一班直升機要週二才起飛。我可以推遲我的冒險，回到布列塔尼，回到家人身邊。但我還有勇氣再出發嗎？放棄，這不就是辜負了我爸嗎？我相信，他在天上一定希望我堅持下去。我必須不辜負他的信任，不辜負他對我的期望。

振作起來，我沒有權利哭泣。我必須繼續前進，我別無選擇。我以為自己已經預料到所有苦難，但是才第一天，我就得知我人生中最糟糕的消息，這完全不在計劃之內。

如果我想承受打擊，就必須把我的絕望和憤怒化為力量。我不相信巧合，如果父親在我開始冒險的那天離開，也許是為了陪伴我度過孤獨，與我同行，為我打氣，傳遞訊息給我。好吧，讓我們一起面對這一切吧，爸爸。我會需要你所有的能量、勇氣和意志力，才能實現我的夢想。

我父親一定不希望我自暴自棄。我要去餵莫妮克，然後給自己煮上當天的一份米飯。我戴上手套，開始起錨移動「伊維內克」。

我移動不到兩百公尺，撥了電話給我的妹妹。我之前還剩下幾分鐘的通話時間，原本是留給我父親的。談話很簡短。我準備了一些話，希望她們在葬禮上讀出來，來感謝爸爸。感謝你為我付出的一切，爸爸。但還沒來得及把內容讀給她們聽，電話就中斷了。

我坐上小艇，朝海灘駛去。我一直散步到天黑，筋疲力盡回到船上，吃了配上莫妮克雞蛋的米飯，然後上床睡覺。

醒來時，我感到口乾舌燥，眼皮黏在一起，肚子裡像是沉著一顆大球。一瞬間，一切又湧上心頭。烏諾，那則命中注定的消息，姐妹們在電話裡說的話。有那麼一刻，我懷疑這是不是一場夢，我多麼希望這一切都不是真的。然後，我看到我在紙上潦草寫下的話，那些我希望有人能在教堂裡念出來的話。這不是噩夢，我再也見不到我父親了。我起床穿衣服，像個機器人一樣。我把莫妮克的屋子打開，看著她繼續過著自己的小日子，我感覺好多了。她下了蛋，啄著飼料，在我的碗裡偷吃，在iPad上走來走去，持續發出細微的咕咕聲。生命仍在繼續，能有伴在身邊提醒我這一點，真好。

我趁著天亮出去轉轉。天空仍然陰沉，西風把冰山吹向我們。在寂靜的冰天雪地中，我聽見它們像炸彈一樣爆炸。我必須保持警惕，隨時準備再次移動。如果有小冰山靠得太近，我就用破冰錐把它推開；如果它再大一點，我就會改用小艇試試。

冰在船體周圍集結，就像為「伊維內克號」穿上白色的裙子。我不能袖手旁觀，否則船會變重而發生危險。我坐上小艇，繞著船體用一塊木板和錘子敲打冰塊，動作很小心以免損壞船體。在甲板上，浪花在空氣中瞬間結冰，形成了冰掛。「伊維內克」看起來像是一艘幽靈船，一切都顯得很不真實。天空、大海、光線、帆船，還有父親的離世。我感到茫然。

船艙裡雖然有暖氣，溫度也達到了攝氏十度，但仍然結冰了！我用手指刮掉夜裡凝結在舷窗四周的霜。事實上，任何接觸到金屬的東西都會結冰。從十二月開始，尤其是在一月，情況會更嚴重。戶外的溫度可能會降到攝氏零下四十度。沒想到船艙裡面也會結冰，這讓我覺得很奇怪，但我不能讓柴油耗盡，所以沒有把恆溫器的溫度調高。而且攝氏十度只是平均值。由於熱空氣往上升，地板和天花板之間的溫差很大。下方的鋼製船體溫度是零度，但天花板下的溫度會上升到十五度。事實上，我的腳很冷，但頭很熱！只要穿暖和點就行了！

十一月三十日，星期一

今天早上，在普洛格雷斯坎特教堂裡，父親下葬了。這是我父親的葬禮，而我人卻在三千多公里之外。彌撒在下午兩點三十分舉行，由於時差，這裡是早上十點三十分。我很想到那上頭去，和他一起分享這一刻。我想用自己的方式向他致敬，向他告別。我坐上小艇，在冰層之間穿行。上岸後，我走向山腳，爬到山頂。就在這片雲海中，我默默祈禱。父親是教徒，一個虔誠的天主教徒，所以我爬到最高處，看著他上天堂。我言簡意賅地對他說：我愛你，爸爸。謝謝你一直信任我，相信我的計劃。今天對我來說真的很難受……不過我會堅持下去，就像你一直教導我的那樣。我什麼都不會放棄，爸爸，我絕不放棄……

我很自責。為什麼我在這裡？這麼遠？為什麼這些年來我沒能更常陪伴父親呢？

夜裡，我躺在床上，透過舷窗看著群星。大人告訴孩子們說，天上住著那些已經離開我們的人。每天晚上，他們會照亮我們，就像數十億盞小夜燈。於是我心想，我的父親就在那裡，守護著我，我不會有事的。

十二月四日

雖然莫妮克和我已經在這裡一個多星期了，浮冰仍然沒有形成。風力減弱了一些，所以沒有足夠的海浪擊碎冰層。被新雪染白的大塊浮冰在海灣中緩慢漂流。

每天，有時甚至需要兩次，我都會清除船體周圍的冰。我放棄了木板和錘子，改用球棒，這樣我就不會損壞帆船。當風勢太大，讓我沒辦法在小艇上工作時，我就站在船邊敲打。真是苦差事，我受夠了，浮冰快出現吧。

目前，我大部分的時間都在移動船隻，用雙臂的力量拉起錨鏈和錨，這相當於徒手移動十一噸重的「伊維內克號」，再加上它外層的冰。在寒冷風雪中的能見度只有十公尺，我獨自一人頂著低溫在甲板上跑來跑去，調整船舵，否則起錨後，船身就會漂動，而且不一定是朝著正確的方向，有可能很快就會擱淺。之後，就必須找一個安全的錨地重新下錨，放下錨鏈。如果那天我運氣很背，就會因為能見度差而驟然發現一座新的冰山迎面而來。

我還不能去探索四周的環境，因為風大，我有點不敢坐小艇出去。如果引擎出問題，我可能會漂走，遠離帆船，那莫妮克就麻煩了！沒有任何通訊工具迫使我去思考。每當我準備做任何事情，我都會想到最壞的情況，因為沒有人能來救我，我不能犯任何錯誤。

一開始很辛苦，但莫妮克心情很好，每天都會下蛋！我在她的小屋裡裝了一盞燈，晚上九點熄燈。由於被黑夜籠罩，如果我不設定時間，莫妮克最後變得想睡就睡，她的生理時鐘會被打亂，我的水煮蛋也就泡湯了。她似乎並不覺得冷，儘管她在加納利群島肯定沒見過多少冰雪！但天氣實在惡劣，我不能把她帶出船艙。只有一次例外，就是我父親葬禮那天，我讓她出去待了幾分鐘。她的小屋開始飄出臭味，我戴上手套幫她換了木屑。

說到打掃，我還得看顧船上的米糧，結果卻是個壞消息。存放在水槽下的米袋受潮，破了一個洞，絕大部分的米都掉進船艙底部。這時我才發現兩個二十公斤的米袋實際上只剩下十八公斤，代表少了四公斤的米，等於少了二十天的備糧！於是我想把撒落在水槽下的米粒撿起來，但它們已經變質。我開始一粒一粒地挑揀，後來我受夠了，索性把它們全都扔掉。

另外，我到處都安裝了GoPro攝影機。當不拍攝外面的風景、海灣、結冰的船、冰山、浮冰時，我就對著鏡頭自拍：我面對鏡頭說話，講述我的一天，這樣就不會感到那麼孤單了。

十二月七日

今天天氣很好，我把莫妮克帶到甲板上，不過時間不長。中午時分，光線變得很微弱。我帶著小艇和一把冰鎬，打算從冰山上取冰來補充淡水。鑿冰的位置必須高一點，否則喝到的會是鹹水。我看中了一座冰山，用冰鎬鑿出了一大塊冰，足夠我用好幾天！正當我要離開的時候，冰山的一大部分突然崩裂，掉在小艇邊緣，差點讓我翻船。這件事讓我冷靜下來。我剛才的敲打肯定使得這個龐然大物變得脆弱。往後的第一條守則：出門一定要穿乾式潛水衣！雖然穿脫起來很麻煩，但如果我掉進零下兩度的水裡，它能救我一命。

回到船上，我把一鍋冰塊放在爐子上，加了一點礦泉水。我融化了一些冰，裝滿了幾個瓶子，剩下的放在甲板上備用。

夜幕降臨，海風吹起。我往外看，想觀察一下冰山的情況，但什麼也看不見。手電筒的光束掃過漆黑洶湧的海面，冰塊在水中四處翻滾。我感到不安，回到船艙，用T恤堵住舷窗，鑽進睡袋裡，保持警覺。風真的很大，是風暴來襲！纜繩在四十節的陣風中呼嘯，升降索拍打著桅杆，冰山撞擊著船體。一切都在震動和顫抖。我一點也不平靜。

唯一的好消息是，風力發電機讓電池充滿了電，這樣我就可以打開電腦，看部電影放鬆一下。船艙裡還算舒服！有暖氣，有燈光，莫妮克無憂無慮地擺弄木屑，絲毫沒有意識到我們隨時可能擱淺。如果真的擱淺了，我可以穿著救生衣，帶著帳篷、睡袋逃生……但莫妮克活不了。

我睡不著，我仔細聆聽船體的每一次撞擊聲，一動也不動。結束了嗎？我們是不是在漂流？我在船頭放了兩個錨，並放下所有的錨鏈，但一座冰山加上船的重量，就會從十噸變成二十或三十噸，錨鏈會無法承受。所以每次撞擊，我都會屏住呼吸，希望錨不會鬆脫。

我的GPS離極點太近，無法幫助我計算水深，指南針也完全失靈，我的船在螢幕上甚至顯示上下顛倒！

我應該有睡了一兩個小時，最後被鬧鐘吵醒。我把鬧鐘設定在早上十點，確保不會錯過難得幾個小時的日光。下雪了，船上白茫茫一片。風停了下來，每天早上都是如此，海面上漂浮著一層薄冰。

夜裡，一座大冰山漂到我們旁邊，只要風起，風向轉西，帆船就會被推到冰山上。我必須移動位置。冰塊卡住了錨鏈，我用破冰錐把它們敲碎。每次移動船隻，我都會確保錨落在至少二十公尺深的水域，如此一來，就算看不到周圍的情況，我也能確定自己離海岸不至於太近。冰山的另一個危險是，水面下的冰塊可能會脫落，然後像開香檳一樣突然噴出水面。過去就曾發生船隻擱淺，船體上出現一個大洞，裡面的人卻不見蹤影的事情。

白天和黑夜交替，日復一日。浮冰還是不見蹤影。這些天，我們都在躲避冰山、敲碎冰塊、起錨，然後在幾百公尺外重新下錨中度過。晚上我幾乎無法入睡，我專注聽著各種聲音，感受著船的震動，祈禱船錨仍然牢牢地固定在海底。我的腦海中上演著各種災難電影。我到底在這裡幹什麼？

十二月十日

攝影機已經成為我排解寂寞的良藥，我花越來越多的時間在向它傾訴。今晚，我感到不安，每次起風時都是如此。我大聲說出我的擔憂，害怕冰山會再次撞擊船體，結果就在這時候傳來一聲悶響。我從睡袋裡跳出來，衝了出去，甚至來不及穿上褲子。我半裸著，只穿著內褲和拖鞋站在甲板上，凍得瑟瑟發抖。一座冰山就在帆船旁邊。隨著海浪的起伏，「伊維內克號」猛烈撞擊冰山，我擔心船體會破裂，雖然我們在千里達進行維修，但船底還是有一些脆弱的地方。必須迅速採取行動。我決定收起一些錨鏈，手電筒的光線無法讓我看清甲板的另一頭，我用盡全力，一節一節拉回二十公尺的錨鏈，這足夠讓我們超越冰山。

我赤裸的雙腿被凍得麻木，好不容易才覺得我們成功避免了最壞的情況，現在只能祈禱這該死的風不要改變方向。當回到溫暖的船艙時，我的鼻水都結成了冰柱。現在是早上五點半，我累壞了。我希望船體沒有受到太大損壞，但測深儀顯示的數據亂七八糟，它肯定是撞壞了。現在我只能等待微弱的天光降臨，才能出去評估損失。於是我穿上襪子、毛褲、運動衫，然後鑽進睡袋裡。

身子暖和後，我還是睡不安穩，於是我又回到甲板上檢查情況。冰山還在，一動不動地停在離船十公尺遠的地方。現在到處都是冰山，我很不放心。我們前往海灣的另一端，帆船在那裡會更安全，至少我希望是如此……

在這裡，我們可以避開西風，這是最糟的風向，它會把冰山吹向我們，把我們推向海岸。現在我們安全了，我得休息一下，我已經連續好幾晚上沒睡了。如果再出問題，我將無法應對；我必須恢復體力才行。

我每隔一刻鐘就會醒來一次，無法放鬆。我用手電筒到外面轉了一圈，簡直不敢相信自己的眼睛，又有一座冰山！這怎麼可能！它是從哪裡來的？而且個頭不小，至少有四公尺高！我只是想好好睡一覺也不行嗎？就一晚而已！

我起錨，發動引擎。現在是晚上十一點半，兩天來我只睡了幾分鐘而已，我快撐不下去了。雖然我告訴自己，我和莫妮克將會經歷非凡時刻，但我看不到任何跡象，我開始懷疑這場冒險到底有什麼樂趣。

早上十一點多，我走出船艙，風完全停了！這感覺真好！我可以去釣魚，終於等到這一刻了！另一個好消息是，我的測深儀又重新運轉，可以再次監測水深了。水深只要低於三公尺就有危險，船隻可能會觸底擱淺。我開始煮飯，幫莫妮克開門。我們一起吃早餐，然後我開始準備釣魚用具。船艙裡並不暖和，白天溫度總是在攝氏十到十五度之間，但晚上可能會降到五度。

我拿著魚線、魚鉤和魚餌，穿上我的乾式潛水衣，跳上小艇，出發去釣魚，希望能釣到晚餐！

但引擎卻發不動。我對舷外馬達懂得不多，是火星塞積碳了嗎？我打開引擎蓋，拆下一枚火星塞，然後很奇怪，引擎竟然就啟動了。我沒有關掉引擎，就把火星塞裝回去，結果啪的一聲，我被電了一下。我關掉引擎，清理另一枚火星塞，引擎沒有任何反應。好不容易遇上風平浪靜的日子，就在可以去釣魚的時候發生這種事！我快瘋了。我不想冒險划船過去，萬一漂走了怎麼辦？我總不能划著槳板去釣魚吧！算了，已經錯過了，天都黑了。

我回到船上，只能認命了。

沒有任何通訊工具，這聽起來很美好，但如果能收到天氣預報，至少我可以知道接下來會發生什麼；我已經受夠了驚喜和意外。只能怪自己：我想要與世隔絕，現在我如願以償。食物也是一樣，我已經吃了三個星期的米飯和雞蛋了。我為什麼要這樣對自己？

風，又是風，還是風，連續吹了六天。當西風吹起，它就會進入海灣，然後帶來混亂的局面，巨浪、船身結冰，還有我對冰山撞穿船體的持續恐懼。我不敢相信我們還浮在海上，而且竟然安然無恙，一定是父親在天上保佑我。

在檢查船體時，我發現艙底裡積了不少水。我打開幫浦，結果，該死，它跳閘了，原來排水孔被冰完全塞住了。我坐上小艇，用螺絲刀和錘子敲打著冰塊。我重新打開幫浦，但還是沒用。我燒了開水，往管道裡倒了無數壺開水，還是塞住。我放棄了。隨著氣溫繼續下降，它肯定會再次堵塞。等融冰的時候再處理吧。這段時間裡，我得每天舀出艙底的積水……

總結一下。我父親去世了，這裡整天都是黑夜，我釣不到魚，天氣很糟，船上到處結冰，包括艙底幫浦、水槽排水管、外部照明燈，還有小艇引擎也壞了。

幸好還有莫妮克。如果我還能保持樂觀，主要原因是因為她，我們之間真的有種特殊的聯繫。我們開始越來越了解對方。她逗我笑，也讓我生氣，比如她把一杯水打翻在電腦鍵盤上，或是在我毛衣上拉屎的時候。這時候，我會罵她，告訴她我要把她吃掉。用孜然和月桂葉料理，她會非常美味，但我是開玩笑的。為了一隻勉強能吃三頓的「凍」雞盅而失去她的關懷和雞蛋，那就太愚蠢了。總之，我們很少吵架。我會跟她說話，這比對著鏡頭說話好多了。當心情低落的時候，我就會向她傾訴。我會講起小時候和父親在伊維內克島上釣魚的往事。我告訴她，這些事再也不會發生了。現在，父親和我們在一起，只是我們看不見他。當我傷心的時候，莫妮克會知道。動物能感受這些情緒，比人類更敏感。莫妮克會用她特有的方式回應我，發出「嚕嚕咕咕咕」的叫音。莫莫，是我在船上的一點溫暖。

我仍然難以接受父親的離世，也許只有當我離開這片冰天雪地，想要打電話給他的時候，才會真正相信這是真的。我姐妹告訴我，他是在車裡斷氣的。當時他停在停車場，面對伊維內克島，準備等待退潮後渡海。他沒能來得及回家就走了。有時我會感到沮喪，因為我再也不能為了某個人突破自我，再也不能從他的眼神中看到驕傲。但我仍在堅持，我仍在努力。

有時我會倦怠，但我很開心！當風靜下來，有一點光線，大海開始結冰，遠處的藍色冰山在平靜的海面上顯得格外醒目時，那就是魔幻的時刻。如果夜裡下雪，冰和山頭就會覆蓋上一層白色。天空上演著一場柔和色彩的盛宴，有粉紅、橙色、黃色。到了夜晚，當天氣晴朗時，北極光就會像發著螢光的幽靈般舞動。

最近幾天，海上生活讓我想起了一部美國電影，片中主角是個被關進監獄的罪犯。第一個月，他被關在一個不見天日的牢房裡，遭受虐待，被警棍伺候，食物都往他的臉上扔去。有一天，他的牢房大門打開了，他可以到外頭散步，有正常的飯菜和陽光。我的情況也一樣。現在幾乎是永夜，我等待浮冰形成就可以去釣魚吃魚了……我知道有一天，太陽也會再次露臉。

我試著不去想食物。如果我腦中想著奶油培根義大利麵，我會發瘋的。而且當我閱讀《冰封二十二個月》[4]這個關於二十世紀初被困在南極洲的航海家的故事時，我會跳過他們分配食物以求生存的段落；光是讀到「奶油」、「火腿」、「麵包」這些詞就讓我頭暈。

有時，我擔心自己會發瘋。我和一隻母雞說話，用叉子梳理我的鬍子。雖然我有鏡子，但我不用。在這裡根本無須操心外表。昨天晚上，我在電腦上看著最近拍攝的影片，發現自己成了滿臉毛髮的冒險家模樣！這樣的好處可以保暖。我的臉頰上有些輕微的凍瘡，但在鬍鬚下面一切安好，受到了妥善保護。每次用叉子梳理鬍子之後，我會把梳下來的毛髮扔進暖爐裡，那味道聞起來像是烤豬肉，香得不得了，太過分了！

大概上午十一點多，我看到了牠。我走出甲板，感覺到有什麼東西在船邊移動。也許是一塊冰，也許是我在做夢。我盯著同一個地方，水面再次波動。沒錯！是一隻海豹，圓圓的頭上長著鬍鬚。我下意識地想到「晚餐」、「肉」，然後衝進船艙拿出我的卡賓槍。當我回來時，那隻海豹還在。在牠探出頭時，我將卡賓槍抵在肩上，準備好了要開槍。海豹沒有動，牠看著我，一點也不害怕。牠可愛的臉蛋就在我的瞄準鏡裡。我把槍放下，腦海中一片混亂。我重新振作起來，再次把槍抵在肩脖上，瞄準。有了這隻獵物，我就可以吃上兩個月的肉了。但海豹還是沒有動，牠大可以潛水脫逃，但牠卻溫柔地看著我，我彷彿聽到牠對我說：「不會吧，你不會真的這麼做吧？你不會的。」

牠真的在跟我說話。

牠說得對，我不會這麼做，我也辦不到，不然我會無法原諒自己。這是牠的家，我闖入了牠的地盤，我是外來者，我沒有權利這麼做，也沒有勇氣這麼做，於是我讓牠離開。我把卡賓槍收起來，不確定是否還會再用到。不過，我真的要想辦法釣魚了。

現在是凌晨三點，我仍然沒有闔眼。我平時從來沒有睡眠的問題，我不明白為什麼會這樣。我放了一些音樂。在聖巴泰勒米島，一位ＤＪ朋友幫我製作了一個播放清單。當然，這些不是搖籃曲，我也不太喜歡夜店音樂，但它讓我想起了美好的回憶。它把我帶

---

4 《冰封二十二個月》（*Vingt-deux mois dans les glaces*），瑞典極地探險家奧托．努登舍爾德（Otto Nordenskjöld, 1869-1968）的作品。

回了幾年前，在阿爾巴特羅斯，位於阿摩爾濱海省普盧吉耶勒（Plouguiel）的一家夜店！法國第一間有旋轉舞池的夜店！為了裝酷，我讓女孩們以為我喝醉了，雖然我連一滴酒也沒喝過。我父親還開玩笑說，這是我唯一的優點。我的朋友們經常問我：「你怎麼能在不喝酒的情況下玩得這麼開心，我可做不到！」我可以玩得和其他人一樣盡興，而且第二天我還能精神抖擻地去打撈捕蝦籠。

儘管有疲勞、厭倦、沮喪和憂鬱的時刻，但時間過得還算快。我不關心日期，只看時間來確定晨昏，以免錯過日光。不管是星期二還是星期天，是十二月五日還是十四日，都沒有太大的區別。但我在手機上看到今天是十二月十九日！真的嗎？再過六天就是聖誕節了，不到兩週就要跨年了。我不知道我和莫妮克要怎麼慶祝，一個將近二十四小時的跨年夜，應該會很特別吧！如果我們能在浮冰上烤龍蝦就好了，但現在我們腳下還是波動的海水。

我修好了小艇的引擎。我擦了擦火星塞，檢查汽油，把零件都裝回去，它一下就啟動了。也許是氣溫太低，或是鹽分太多，我不知道，但我鬆了一口氣。只要還在無冰水域，小艇對我的生存來說就必不可少。

十二月二十日

我早上十一點醒來，按例透過舷窗往外看，驚訝地發現海面上覆蓋著一層薄灰色。不是雪，不然我就什麼也看不見了。

走出去一看，眼前的景象美得令人難以置信。冰層已經在船的周圍形成，並且向四周延伸一直到海岸。終於！終於出現了！浮冰形成了！我已經等了一個月，每天都在盼望，問自己：「什麼時候才會來？」現在，它就在眼前。太爽了！我們終於要迎來北極的冬天了！這一切發生得太突然，速度快得令人不敢相信。昨天，還只是一些漂流的浮冰，今天就已經是一片冰海了。

看著兒時的夢想在眼前實現，我感到十分震撼。浮冰似乎每個小時都在增厚，真是太神奇了。我用破冰錐試探一下冰層，它已經有幾公分厚了，再過個三四天，應該就能在上頭安心地行走。

在薩卡克，一個漁夫告訴了我一條一定得遵守的規則：只要船還能動，就不能在冰上行走。我現在在船艙裡還能感覺到晃動。乍看之下，可能會認為船被凍住了，但仔細觀察就會發現浮冰和船體之間還有未結冰水域。我們還需要一點耐心。

等待期間，我只能待在船上消磨時間。看著莫妮克到處啄來啄去，卻什麼也找不到。可憐的小傢伙！當我帶著風箏衝浪板或滑雪板去浮冰上玩的時候，她該怎麼辦呢？我可以帶她一起去嗎？我們在加勒比海的時候還一起玩過帆板和槳板呢！好吧，這裡不是熱帶，而是北極！要不我給她織件毛衣？這倒是一個打發時間的好主意！

用什麼織呢？我當然不會編織，而且我也沒有毛線和棒針。毛線沒有，但我有更好的東西，很多已經編織好的東西！我在哈利法克斯購買的超保暖手套和襪子，而且我有過度準備的傾向，所以至少有十雙綠色的羊毛手套。為了莫莫，我可以犧牲其中一雙。我拿了一把鋒利的菜刀，把手套鋪在板子上，然後從中間劃開來。接下來，我只需要把這些布片縫起來，在前面留個洞給頭，在後面留個洞給屁股就行了。我還會在兩側開洞給翅膀。我以前縫補過幾次船帆，應該能搞定。首先，我手裡拿著捲尺，把莫妮克夾在胳膊下，給她量尺寸，就像時裝大師一樣！

「胸圍四十九公分……」

「身長二十公分……」

「翅膀寬十公分……」

然後我開始動手。

這花了我不少時間，成品看起來更像是補丁而不是高級訂製時裝！它看起來不怎麼樣，但只要莫妮克穿上它就看不到瑕疵了，而且最重要的是能讓她保暖。一開始試穿的時候有點困難，後來莫妮克乖乖就範，我甚至還拍了一些好笑的照片。沒多久，她就開始扭來扭去，用嘴巴和爪子拉扯羊毛。在她把衣服撕爛之前，我好不容易才把它脫下。她很幸運，今天我心情好，但我不確定是否還想再嘗試一次。可惜了，我覺得她穿著小毛衣很可愛，而且綠色跟她的紅色羽毛很搭！

當晚是我停泊這處海灣以來，第一次沒有壓力地入睡，我迫不及待想在明天早上測量一下冰層的厚度。

我從這次冒險學到的一件事，就是永遠不要自以為勝利在握。面對大自然，人類永遠不是贏家，最終的勝利永遠屬於大自然。

浮冰只維持了兩天。第二天晚上，風速高達三十五甚至四十節。躺在床上，我感覺到船在晃動。冰層減輕了晃動，感覺就像陷入泥淖之中。

海浪在薄浮冰下湧動，開始將冰拍碎。波浪的運動搖晃著冰塊，這些冰塊在波谷中獲得了撞擊的衝力。冰層還不算很厚，所以船身勉強可以應付。但如果一座冰山以相同的力量撞上船體，該怎麼辦？無論如何，冰太多了，我無法起錨。

第三天早上，風力減弱了一些。在黎明的曙光中，我爬到桅杆的第一根橫杆上。眼前的景象令人瞠目結舌：整塊浮冰都碎裂了，就像一面巨大的拼圖！

十二月二十四日

風又開始吹起，我看見眼前的拼圖在晃動，浮冰塊向海岸漂移，像碰碰車一樣相互碰撞。它們不再是一碰就碎的薄冰，而是一塊厚厚的冰層，堅硬如石。在這片亂石之中，「伊維內克號」、莫妮克和我隨時都有可能被壓碎，夾在兩塊冰之間。錨鏈被卡在冰裡，它們再也無法承受船的重量，因為附在船上的所有浮冰塊增加了船身重量。我們正被推向海岸。我聽到錨鏈嘎嘎作響，感覺到錨在鬆動，船在移動。外面能見度為零，風速達到了三十節，陣風吹起了山頂上的積雪。我無助地盯著測深儀，試圖估算我們離淺灘還有多遠。測深儀的指針正在下降，從二十公尺降到十八公尺，然後是十六公尺，還在繼續往下，深度很快就會下探到四公尺，船就要觸底了。

我穿上救生衣，準備好防水袋：其中一個裝著我的救生包，裡面有帳篷和凍乾食品；另一個則裝滿了我需要的所有東西：睡袋、野營爐、衣服、米、莫妮克的飼料、頭燈等。接著，我坐在床上，把袋子放在身邊，把莫妮克放在大腿上等待。

帆船擱淺了。目前沒有漏水，所以我們不棄船，這是海軍的規定：只要船沒沉，就不能放棄它。我們很幸運，這是一艘鋼製帆船，如果是塑膠船，我們早就泡在水裡了。雖然擱淺，但我們待在溫暖的環境中，而且很安全。接下來會發生什麼，我不知道。其實和一般人所想的不一樣，擱淺不一定代表死亡，一切都取決於地形，看是沙地還是碎石地，還有海浪、風力、洋流、潮汐等因素。

我繼續等待。雖然天生樂觀，但我腦中開始胡思亂想。我想像著海水漲到舷窗高度，浮冰凝固成形，而我們被困在船艙內，所有出口都被冰堵住，船嚴重傾斜，暖爐無法使用，溫度下降。幾個月後，漁民會發現一隻凍僵的雞和一名水手。

陷入困境時，最不應該做的就是胡思亂想。如果開始失去希望，那就完了。勝利取決於意志，我現在的目標是讓船重新浮起來，離開這裡。

我們緊閉在船艙內，莫妮克和我聽著風的呼嘯聲。船身傾斜，然後又恢復平穩，接著再次傾斜，一切都在搖晃。書本從書架上掉下來，餐具在水槽裡叮噹作響。透過舷窗，我們看到巨大的水花和冰塊向帆船襲來，太可怕了，那聲響震耳欲聾。我為這艘船感到心疼，覺得整艘船都快要撐不住了。

莫妮克在我的大腿上一動不動，她看著我，有點擔心，察覺到有些不對勁。我撫摸她，告訴她一切都會沒事，我們會脫險的。在安慰她的同時，我同時也在安慰自己。可憐的莫莫，我把她帶到了什麼地方？如果我們被迫棄船，她肯定無法活命。

但幸運女神並沒有完全拋棄我們。我終於感覺到我們避開了岩石，擱淺在沙灘上。

第二天早上，這一點得到證實。風向轉變了，由於漲潮，帆船又浮了起來。我啟動引擎，迅速在水深二十公尺的地方下錨。

晚上，我躺在床上，透過小舷窗對著星星微笑。

這就是我和莫妮克度過第二個平安夜的方式。去年，我們在聖巴泰勒米島慶祝，穿著泳衣，在甲板上欣賞美麗煙火。但今天，沒有過節的特別待遇，一個人吃米飯，另一個吃飼料……

這一年即將結束。十二月二十八日，我們已經在這裡忍受寒冷一個多月，浮冰還是沒有形成。風吹了整夜，而黑夜長達二十多個小時，只能說形成浮冰的條件還不完備。我不能離船太遠，眼看淡水儲備也快用完，我已經喝完了艙裡的存水，甲板上只剩下三塊冰，最多只能撐一個星期，我們必須節約用水。外面雖然有幾公分厚的積雪，讓我可以刮下來利用，但只要一陣風就會被吹走，而且不太乾淨。

兩天後，海水再次結冰。

晚上，我被一聲撞擊聲吵醒，然後又是一聲，原來是冰塊撞上了船體。我已經不再驚慌，而是聽天由命地等著。我們在漂流，這是肯定的。船隻觸底，我看了一眼測深儀：一公尺。毫無疑問，我們擱淺了。

又來了。

十二月三十一日早上六點，我們停在十四公尺深的地方，風速三十節，水溫攝氏零下零點九度，氣溫零下三十度，加上風寒效應，體感溫度會降到零下三十五或四十度。

我很平靜，但也無能為力。要脫困，只能依靠大自然，依靠風、潮汐和洋流，還有仰賴「伊維內克號」的韌性。

我再次準備好救生包。不確定幸運女神是否會再次眷顧我們，除非奇蹟出現——但我還是願意相信。

我在甲板上藉助手電筒的光線，看到大片的雪花紛紛落下。天氣太冷，我手套裡的指尖已經沒有知覺。我們擱淺在離海岸約二十公尺的地方，一塊礙事的小冰山停在離我們兩公尺遠的地方。我試著走下去，把一隻腳踩在一塊冰上，然後是另一隻腳，似乎很結實。我扶著船，沿著船身走，手裡拿著相機。「伊維內克號」向左舷傾斜，傾斜角度達四十度。

我站著的浮冰塊開始漂移，我趕緊回到船上。冒這樣的風險太瞎了，說實話，現在不是胡鬧的時候。在這種溫度下，如果我沒有穿乾式潛水衣而掉進海中，就很難說準自己還能活多久。別再開玩笑了。

今天是十二月三十一日，法國已經是午夜，大家都在慶祝。我想著我的家人和朋友，他們待在溫暖的地方，正在喝著香檳，享受歡樂。屋裡、手機上、電台和電視上肯定都在大喊著「新年快樂」……他們會想到我嗎？他們能想像我現在的樣子嗎？穿著橘色救生衣，帶著救生包，第無數次準備好棄船。

我被困在這個該死的海灣已經三十五天了，除了忍受一而再再而三的磨難，什麼也做不了。我原本是來實現夢想的，結果卻是噩夢一場。我願意付出一切犧牲，甚至減掉二十公斤的體重，但我不想失去我的船，它承載著我全部的生活。為了它，我在十八歲時放棄了一切，付出了一切。也是因為它，我才遇到了莫妮克。所以，拜託，不要奪走我的船。

當初我應該聽烏諾、亞當、馬蒂亞斯和其他人的話，但我總是固執己見。如果我能回到過去，我會花更多時間正經思考，而不是冒險行事。

我想起了我父親。我從來不害怕死亡，尤其是自從我知道我死後將不再孤單。

當然，我一點也不想離開，我珍惜生命，我還有很多事情要做，還有很多冒險要去經歷。為了打發時間，我開始整理船艙，找到一些來自聖巴泰勒米島的彩紙花環。我把一條掛在脖子上，另一條掛在莫妮克的脖子上。我打開了相機，假裝一切都很好。

「新年快樂，我的莫莫！」

外面，暴風雪肆虐。情況沒有變好，也沒有變壞。一切如常，明天又是新的一天。

我度過了一個可怕的夜晚，船不斷觸底的聲音讓我一次又一次地醒來。在噩夢和清醒之間，有好幾回我以為船體在海浪的衝擊下破裂了，但這艘我曾經以為腐爛的「伊維內克號」，卻是一名硬漢，它挺了下來。

今天早上海水上升，風也停了，我的床輕輕晃動。與昨天的傾斜相比，這是一種非常溫和的擺盪，一種左右來回的晃動。

看來船已經恢復直立了。我戴上毛帽出去，大部分的冰已經融化，露出開闊的水面。現在是漲潮。風把我們從困境中解救出來——奇蹟發生了！我們可以起錨了！

我們在北極曙暮光中緩緩駛離。今天是二〇一六年一月一日，新的一年總算有個好的開始。

15

已經中午了！我早該起床了才對。我一直擔心船會再次漂走，整夜緊張兮兮，凌晨四點才睡著，我的救生包甚至還帶在身上。

今天我很驚訝，一切都結冰了！浮冰重新形成，而且看起來很穩固，放眼望去連一公分的開闊水域也沒有。太瘋狂了，這種現象幾乎是瞬間發生。只要風一停，一切就會凍結。湛藍的天空此時只是錦上添花，但實在美極了，這讓我重新感到快樂！當然，我可能高興得太早了，不過老實說，我很願意相信，我們值得擁有這一切。

白晝開始變長，每天都有更多的光線，不過是暗淡的光線；我們從來沒見到太陽。我覺得我的冒險一開始就經歷了最艱難的部分，我已經吃足了苦頭：光線暗淡、天氣惡劣、冰山威脅、浮冰不穩、擱淺……還有父親的離世。我們即將迎向快樂：陽光、堅固的浮冰，讓我可以在上面奔跑、滑行，享受真正安穩的夜晚。

我凝視著海岸，想起昨天我們還擱淺在那裡。

浮冰越來越厚。

我得處理一下小艇，它被困在冰裡，壓力可能會讓它爆炸。之前，我故意讓它漂浮在海上，以防在緊急情況下我必須棄船逃生。

「伊維內克號」船艙內的裝設變得越來越殘破，天花板的襯板也因為濕氣變形了，我得把它重新固定好。

一月七日

今天早上，我被一場色彩繽紛的煙火秀喚醒，粉紅色、紫色、橙色的火光灑落在船艙內。當我從舷窗探出頭時，我感覺自己走進入了一幅巨大的畫作中，整個天空倒映在一面閃閃發光的冰鏡上，我想為帆船停泊在美景中的畫面留下永恆的紀錄。我覺得是時候在浮冰上邁出我的第一步了！我就是克制不住。我猶豫了一下，浮冰看起來不是很厚。我拿起破冰工具，想起了漁民們的建議：如果你能用力敲兩下而冰面沒有破裂，那就不會有問題……我不敢敲得太用力，但看起來好像還可以。我盡量讓自己的腳步輕一點，小心翼翼地把重心從一條腿轉移到另一條腿，滑著大步前進。腳下的冰層有點晃動，如果它破裂了，我將無處可以攀附。腎上腺素與這種全新體驗帶來的興奮感交織在一起。我架起三腳架拍攝影片，同時用單眼相機拍個不停。我感覺自己正在經歷一個獨特的時刻，邁入了冒險的新階段。我所有的疑慮都煙消雲散，覺得自己可以待在這裡直到生命結束。此時此刻，時間靜止了。

16

第二天，浮冰明顯變厚。

天空變成了青綠色，冰層也是。在天空和大海之間，群山煥發出白色光芒。儘管有點風，但寒冷程度是還可以忍受。溫度計顯示攝氏零下八度。現在輪到莫妮克去探索浮冰了……這可是件大事啊！

我打開GoPro，莫妮克小心翼翼地前進，輪流邁著步子，每走一步都會把腳懸在空中片刻。她好奇地啄著冰！當風從她身後吹來時，她的羽毛會像球帆一樣鼓起來，然後開始全速向我滑行。我忍不住大笑起來。

之前，我都不敢拿出無人機，因為擔心萬一出了問題，可能就再也拿不回來了。趁著好天氣，我從空中拍攝了一些很美的畫面，同時也可以讓我了解浮冰的範圍和狀況。

我看見不遠處有一座小冰山，想去那裡採集一些冰塊，因為最後的儲水已經在昨晚耗盡了。

我穿上乾式潛水衣，背上背包，拿著冰鎬和破冰錐，把槳板用繩子繫在腰間。我走向冰山，每一步都會試探一下冰層。冰山四周的冰很軟，破冰工具可以直接穿透。我試圖用槳板搭一座橋，但它無法固定在冰山上，太滑了。我離冰山還有一公尺遠，真令人沮喪！繞著冰山走了一圈，看到一塊冰就要脫落，我應該可以用冰鎬搆到它，唯一的問題是它的位置有點低，希望它沒有沾上太多水霧，否則水可能會是鹹的。再說，它的顏色有點深，情況不太樂觀。我嚐了一下，但因為太冷，很難試出味道。算了，反正我別無選擇，而且天快黑了。我把冰敲成幾塊放進背包裡。

回到「伊維內克號」，我現在只需要融化冰塊，然後為自己準備一盤美味的米飯佐雞蛋。我餓壞了。無論如何，活動一下筋骨感覺真好！

結論：超噁，水是鹹的。我只能煮個雞蛋，用海水煮。一個美味的水煮蛋，四分半鐘。我不得不放棄我的米飯。我曾試過用海水煮飯，太難吃了，而且會讓人口渴，但我無水可喝，天也已經黑了。

明天，我會試著上岸去找雪。幸好，莫妮克的小屋裡還有一點水。我希望她能下一顆蛋，因為我沒有存貨了。雖然她幾乎每天都下蛋，但時間不太規律。今天早上，什麼都沒有！可能是因為缺少日照的緣故。

我為暖氣油箱添加柴油，每天大約十升。柴油就像水一樣，得節約使用。根據目前的情況來估算，我應該有足夠的燃料來供暖，直到冬天結束。

莫妮克今天沒有下蛋。算了，我明天再吃吧。我很餓，但更累。我上床時想起了那句諺語「睡覺就是吃飯」。

雖然沒有進食，但我還是用鹽水刷了牙，那味道真糟，幸好我還有一瓶漱口水，它讓舌頭有點刺痛，但能沖掉鹽分，而且聞起來很香。當初買它是為了治療智齒引起的膿腫，那是在過冬開始前，我還在村莊和帆船間來回運送油桶的時候。當時我牙齒疼得厲害，連飯都吃不下。據說有些水手因為疼痛難忍，甚至會自己動手拔掉牙齒。還有一位參加旺代環球帆船賽的水手曾經在沒有麻醉的情況下，自行縫合舌頭。奇怪的是，這些方式對我來說都沒什麼吸引力。多虧船上藥箱裡的抗生素，牙齒已經不痛了。

我鑽進了睡袋。今晚，船被無月的黑夜所籠罩。

早上，我必須抓緊日照時間去取水。海岸離這裡只有大約三百公尺，天色有點陰，但能見度不錯。我應該不會花太多時間。我很高興能夠運動一下，在戶外無憂無慮地行走，感受迎面吹來的風，那感覺真好。

我快到了。在海岸線之前，還需要跨越一段開闊水域，我沒有預料到這個問題。我把槳板留在浮冰上，緊緊抱著我的包，從一塊浮冰跳到另一塊浮冰，就像在布列塔尼，當你不想弄濕鞋子時，會在石塊之間跳躍一樣。只不過這裡的「石頭」是會動的，有點不安全，但我最後還是安然無恙地到達陸地。我已經有將近五十天沒有踏上陸地了！我離開海岸線，去尋找遠離浪花的優質白雪。我將大把大把的雪裝進袋子裡。天空中出現上弦月，光線已經暗下來，浮冰上開始出現霧氣，我得加快腳步才行。再說我已經將近三十小時沒吃東西了，肚子餓得咕咕叫。

我再次踩著浮冰，像走鋼絲一樣回到槳板上。我把袋子放在板上，把板子當作雪橇，然後繫上繩子。正要出發時，四周的寂靜深深觸動了我，我停了幾秒鐘，手裡拿著破冰錐，豎起耳朵聆聽。在浮冰和海岸之間，海浪的起伏沒有一點聲音。在這片廣闊冰冷的景色裡，霧氣正在瀰漫，「伊維內克號」靜靜停在那裡，熟悉而令人安心。我大喊：

「嘿，莫莫，你聽見了嗎？我找到了新鮮好水，我馬上就回來！快準備晚餐，給我下個新鮮好蛋！」

我的聲音在群山中迴盪，一隻不知從哪來的鳥兒振翅高飛。我嚇到牠了。

我繼續向船走去，一路陪伴我的只有我的喘息聲、疲憊的腳步聲，和槳板在冰上摩擦的聲音。

我在火爐旁邊的藍色大桶子裡存放了大量的融雪。

今天早上，我看見有動物沿著海岸奔跑。我用相機拉近畫面，那是一隻紅狐，毛色很深，就像我老家的狐狸一樣。我很想靠近牠，和牠交朋友。也許牠從來沒見過人類？當我大聲叫牠時，牠坐下來，朝我的方向看了看，然後就跑開了。我觀察牠很長一段時間，直到牠消失在群山後面。

現在浮冰已經形成，我希望看到一些動物：馴鹿、北極狐、野兔，甚至是狼。我最期待看到的其實是熊，雖然我知道要看到牠們，我應該再往北走。

沒想到，我竟然對小艇幹了件蠢事。因為很難把它從浮冰中拉出來，所以我用一塊木板想撬動它，卻刺穿了一枚充氣浮筒。這讓我氣壞了。等冰層融化後我再修理吧，現在太冷了，膠水黏不住。我清理了引擎，然後用淡水沖洗小艇，把它和我的其他東西一起存放在堆放雜物的廁所裡。

現在，我可以把防水袋、帳篷、野營爐和其他所有求生裝備都收起來。我想騰出船上空間，因為現在連走路都很困難。等我收拾完畢，右舷和左舷後面的兩個艙室都塞滿了東西，船艙裡則變得明亮許多。我還把甲板上十二個柴油桶移開來挪出一些地方——它們加起來有六百多公斤重。浮冰很堅固，應該有十公分厚，但為了保險起見，我還是用繩子把油桶固定住。另外，我把槳板和其他小東西拿下船，釋放一些壓力，讓船在冰面上能稍微高一點。

接下來，我開始清理船體；我得強迫自己做些事情。時間是下午四點，天色已黑，而且很冷。我燒了一鍋海水。在頭燈的燈光下，我刮、擦、洗、沖，花了整整兩個小時。最後，帆船變得煥然一新。如果有熊或狐狸經過，它們肯定會對法國留下好印象！

一月十一日

我無法用言語形容今天早上的美景，每一天，我都覺得自己看到了生命中最美麗的景色！自從浮冰形成，這是第一次下雪。幾公分厚的積雪和對比鮮明的光線，就足以將風景重新塗上紫紅色調。

我明白自己來這裡尋找什麼。我想到了那些在捷運裡或外環公路上的人們，他們坐在辦公室裡面對電腦……「所以，我們在這裡還是比較好，對吧，莫莫？」

在剛積雪的雪地上，有一些痕跡。是狐狸嗎？牠聞到莫妮克的氣味了？牠應該對雞不太熟悉吧！

我回到船上，煮了當天的米飯。我放出莫妮克，餵她應得的飼料，因為她在乾淨的小屋裡為我下了一顆漂亮的蛋。為了感謝莫妮克，我邀請她和我一起出去走走。我拍攝她在雪地裡行走的模樣。她的雞爪在狐狸的腳印旁邊留下了小腳印，這肯定是北極雪地上第一次有雞腳印！

浮冰、藍天、白雪，很快就會有陽光了，現在只差一條魚了！

按照薩卡克漁民傳授的方式，我用破冰錐在浮冰上鑿了一個洞。冰很硬，鑿了十公分深還是看不到海水。但很肯定，我是不會掉下去的。終於，我鑿出了一個周長大約四十公分的洞，然後放下釣魚線進行提線釣，就像在伊維內克島上一樣。上下晃動魚線，可以讓魚兒以為魚餌是活的。

等待不到五分鐘，就有魚上鉤了！在格陵蘭釣魚真是小菜一碟！不過，我釣到的魚很小，又小又醜，剛一出水就結冰了。它讓我想起澳洲有劇毒的石頭魚。說實話，這讓人一點胃口都沒有。

我不能冒著中毒的風險，畢竟我是獨自一人在冰天雪地裡。我決定用它來做魚餌，於是把魚切成小塊，但是等了很久還是空手而歸。

通常我一閉上眼就能睡著，這是我厲害的地方，而且很快就可以恢復精神。自從帆船冰封以來，我就很早就寢，大約是晚上十點，但是一直到凌晨三、四點，甚至五點都無法入睡。我想得太多了。我已經在思考接下來的計劃，想到連接大西洋和太平洋的西北航道，沿著加拿大北岸航行。這條航道只在北極夏季的幾週內可以通行，一年當中的其他時間它都是冰封狀態。我在腦海中籌備計劃。這艘船需要整修，船體已經被撞得坑坑巴巴，但我沒有太多預算……被困在冰層裡的好處是，我不用花一分錢！想在這裡可以做的事情我就感到興奮：滑雪、健行、風箏衝浪、帆板運動……幾個小時前，我還筋疲力盡，現在卻又覺得自己可以開始新的一天。究竟是怎麼回事？兩年前離開布列塔尼，我每天晚上都在船上睡覺，從來沒有失眠過。自從帆船被困在浮冰之後，之前的壓力也已經一掃而空，但也許這就是原因：我的船不動了，一動也不動，於是我在船上睡覺就像在陸地一樣；我已經不習慣了。

在這裡，幾乎每天晚上透過舷窗，我都能看到天空中熱鬧非凡，有綿延不絕的霓虹綠色光帶。那是北極的電影院，景象美不勝收。

最近幾天，我最大的問題不是睡眠，而是暖氣。它冒出的煙讓我流淚，我頭痛、咳嗽，那氣味讓人無法忍受。當西風吹來時，暖爐的蓋子好幾次都被突然吹開，冒出一團大火苗，發出的聲響也嚇了我一跳。這很危險，尤其是我不在船上的時候。為了安全起見，我每次離開船時都應該關掉暖爐。但如果關掉它，一個小時內溫度就會下降十度。昨晚，我不得不把它關上，打開舷窗排煙。這是柴油，足以讓人窒息而死！所以我寧願受凍。

醒來後，我很順利重新點燃了暖爐。現在可千萬不能壞掉啊！我也不確定能不能修好它，我沒有任何備用零件。

這幾天，雪一直下個不停，但今天天氣晴朗，我們可以出去玩玩。莫妮克在我的肩膀上，我們看著閃閃發光的山頂和上面投射的陰影。太陽離我們不遠了，再過幾天就能感受到它的光芒。長期生活在沒有陽光的日子裡會令人憂鬱。只要爬上第一座小山，就能看到太陽，但我不想讓莫妮克在這種寒冷的天氣裡到處亂跑。

17

我每天都去釣魚，但自從釣到那條長相奇怪的魚之後，我就再也沒有釣到過任何一條。我用它做魚餌，但顯然連同類都不想吃它。然而每天早上，無論下雪還是颳風，我都會認真準備我的釣線。我樂在其中，這讓我想起以前在家裡，在伊維內克的生活。接著，我去鑿洞，最多能鑿六個，過程既耗時又累人。我會在每個洞裡放一條釣魚線，然後返回船上。我放棄了提線釣，因為沒多久我的手就會沒有知覺。幾個小時後，當我去收線時，洞口又結了冰，我不得不重新鑿開。收線後，結果還是一樣：什麼也沒有。

今天雖然有點風，但「伊維內克號」卻沒有傾斜。這種感覺很奇怪，但也令人開心。我能聽到風聲，聽到支索發出的哨聲。風力發電機全速運轉，我們有十三伏特的電壓，我趁機為電腦充電。

我的AIS顯示十八海里外有兩艘船。我很興奮，透過舷窗往外看，看見了遠處的燈光。

我回到螢幕前，點選其中一艘船，想了解更多資訊：船的名字是「阿萊卡」（Aleqa），是一艘漁船，它正駛向菲斯克里（Fiskiri）。漁船有二十三公尺長，以四點九節的速度前進。速度不快，那裡應該有一些冰。

真是不敢相信，我們被封在冰層中，而眼前竟有兩艘船正在捕魚！海灣入口處的浮冰應該不多。

我很想用VHF無線電呼叫他們！問題是他們可能聽不懂英語。但我已經好幾個星期沒有和人說話了，我需要聽到人的聲音。

「『阿萊卡』，『阿萊卡』……」

「『阿萊卡』，這裡是『伊維內克』……『阿萊卡』，聽到了嗎？」

「Aluu，qanorippi（嗨，你好嗎）？」

「Aluu（嗨）！我很好！你會說英語嗎？」

「一點點……」

「你們在捕魚嗎？」

「哦，我們試著捕魚，但冰太多了，所以我們要回迪斯科灣了。」

「哦！你們捕到了什麼？」

我沒聽到回答，信號斷斷續續，但我很開心。

「你能在螢幕上看到我嗎？我來自法國，這裡是『伊維內克號』！」

「哦，我看到你了……」

「我要在這裡待一整個冬天！」

「哦……你要在這裡待一整個冬天？」

「是的！很好！Pik korik（沒問題）！我可以走在浮冰上！」

「好的……那麼……好好享受吧！」

「好的，takuss（謝謝）！」

我準備去浮冰上滑行一下。我需要找點事情做。

我從袋子裡拿出槳板，拆下尾翼，跳上板子。哇，我在冰上滑行了兩公尺遠！這很有趣，但我很快就會厭倦這個小遊戲。我把一根繩子綁在船上，然後展開繩圈拉開距離，接著站在板上拉動繩子獲得動力。不好玩。我試著推著槳板跑，然後在奔跑過程中跳上去，就像玩滑板一樣。也很無聊！沒有力量，沒有速度，沒有樂趣。

我開始覺得時間有點漫長，真希望太陽能快點回來，這影響了我的心情。我想知道家人怎麼樣了……我的母親，我的姐妹們和他們的孩子……我希望一切安好。

一月十九日

今天早上，我爬上附近的高山，欣賞風景並拍照。然而，不祥的預兆出現了：天空越來越黑。我必須趕快下山躲避。幾分鐘內，能見度就可能降到零，到時候我就無法找到返回船上的路了。

一月二十日

該來的還是來了。外面颳起一場巨大的風暴，風速高達四十五節以上。我得出去查看一下結冰的情況。

上午十一點

氣溫上升一度，冰上和甲板上的雪有部分都融化了。情況令人擔憂。海浪在浮冰下湧動，浮冰起伏不定。如果風再大一點，浮冰可能會再次碎裂。但我不相信，不可能的，冰層太厚了，而且這冬天經歷過的風暴次數和倒楣事還不夠多嗎！

中午十二點

我把三腳架和相機夾在胳膊下，走到幾公尺外為「伊維內克號」拍照。山頂白雪被吹下來，形成壯觀的漩渦，一切都淹沒在白色之中。我脆弱的帆船在冰模子裡傾斜著。風越颳越大，三腳架站不住，相機摔了下來。我又往前走了幾步，想從另一個角度拍攝帆船。這時我看到浮冰上出現長長的裂縫，我嚇壞了。憤怒的淚水湧上雙眼。不可能，我一定是遭天譴了……

能見度急劇下降，我甚至看不見「伊維內克號」。我向前走了幾步，希望能看得更清楚一點。好險，我還能看到了自己的腳印，但已經模糊不清……

下午五點

風讓我無法打開暖氣，溫度計驟降，室內只有攝氏三度，我把所有的出入口都堵住。我的手套濕透，鞋子也乾不了。太慘了。我燒了些水來暖手。

帆船在冰的重壓下顫抖，我感覺浮冰的裂縫越來越大，似乎就要崩塌。我得趕緊把外面所有的油桶都收進來。

風很大，我幾乎站不穩，差一點摔到船外。我及時把油桶一個個抓住，幸好有把它們固定好。船體四處受到撞擊，它這次能撐住嗎？

晚上七點

現在是攝氏零度，船艙裡面全結了冰。我們被困在一場可怕的風暴之中。浮冰在我們周圍炸開，碎裂成巨大的拼圖。好幾噸的冰擠壓著「伊維內克號」，我眼睜睜看著它變形並發出可怕的轟鳴聲。莫妮克用疑惑的眼神看著我。我的船在受苦，我也在跟著它一起受苦。

這畫面如同世界末日。

一月二十日

怎麼能不感到沮喪呢？我們又回到了原點，回到了幾週前經歷過的艱難處境。只是這次，我已經不抱希望了。「伊維內克號」怎麼可能從眼前的危急中毫髮無傷地脫身呢？我無助聽著它被冰塊擠壓變形的聲音，心裡真為它感到難過。我可憐的船，它什麼都沒做錯！我大可以選擇更簡單的方式，待在村莊附近，享受文明的便利。在那裡，我可以學到很多東西，也不會讓「伊維內克」受到傷害。但是我沒有！我選擇把自己置身於荒無人煙的地方，與世隔絕，承受著大自然無情的肆虐。

冰層將我們團團圍住。剛才我試著全速前進，但無濟於事，冰層的力量太強大了。從原本十八公尺深的水域，我們現在被推到了六公尺深的地方。帆船又要擱淺了，這已經是第三次了！我習慣了，畢竟在格陵蘭的隆冬擱淺也挺有趣的。

現在室內溫度已經降到零下四度。我拿出求生包和裝備，穿上乾式潛水衣，等待「伊維內克號」在冰層的重壓下屈服，讓湧入的海水葬送它。到時候，我們只能跳到這些移動的浮冰上設法登陸，同時還得小心不要掉進冰裡。一旦失足就可能送命。

一月二十一日

凌晨兩點

我感到非常失望，原本準備好要度過五到六個月的寒冬，結果它只持續了二十天。我匆忙拆下船上的一些設備，包括暖氣。我還收集了一些木板，準備在岸上搭建一處避難所。我相信我會活下來，但莫妮克呢？

清晨時分，風向轉東。這真是個奇蹟。冰層正朝著外海漂去，而我們仍舊漂流著，這令人難以置信。

我的幸運星守護著我。

稍晚，我就可以重新起錨，並在十七公尺深的地方下錨。我們會挺過去的！但今年似乎真的很特別，也許該怪罪於氣候變遷，我很想聽聽村民們對這件事的看法。

一月二十九日

外面的溫度是攝氏零下三十四度，冰層已經重新形成。

我的柴油儲備還很充裕，想想不如充分加以利用。我把暖氣開到最大，船艙裡有二十度，我們感覺舒服多了！

我需要活動一下：跑步、探索、釣魚！但現在，我只能坐在船艙裡無所事事，低頭看著世界地圖。我向莫妮克展示西北航道，用手指沿著這條航線一直移動到太平洋，然後是加拿大北海岸、阿拉斯加和俄羅斯之間的白令海峽。我沿著太平洋海岸往下走：加拿大、美國、墨西哥、瓜地馬拉、薩爾瓦多、宏都拉斯、尼加拉瓜、哥斯大黎加。我繼續前往巴拿馬、加拉巴哥群島，然後是太平洋群島、馬克薩斯群島……我們可以在溫暖的陽光下，再次穿著泳衣航行，船尾拖著釣魚線……這真是夢寐以求的旅程啊。

然而此時此刻，我們正在格陵蘭的迪斯科灣，我這輩子從來沒有這麼冷過。

一月三十一日

我把最後一塊冰給融了，只能得到兩公升的水。我得收集甲板上的積雪，但雪很髒而且充滿了沙，必須用舊的咖啡濾紙加以過濾。

莫妮克吃完她的飼料後，就開始啄地板。她會自己找食物來打發時間，這對她的心理健康很重要。有時除了飼料，我還會給她一些米飯，但不會給太多，因為我怕會不夠。莫妮克在「伊維內克號」上的生活並不總是如此輕鬆，擱淺、低溫、風暴，所以我會把鍋底剩下的食物留給她。在管教方面，我對她也相當寬鬆。她可以自由走動，把木屑弄得遍地飛舞，還把她的髒東西沾得到處都是；我的帆船簡直成了不折不扣的雞舍！

中午剛過，我爬上桅杆觀察浮冰情況。我放心了，看起來它們正在漂離。十天來，我第一次可以再次在冰上行走，氣溫大約是攝氏零下三十五度。從早上九點到下午五點都有光線，但太陽總是隱身在山後面。

我去釣魚，但依舊一無所獲，然而格陵蘭卻是出了名的漁場。也許我的方法不對，可我什麼都試過了：勺型魚餌、提線釣、底延繩釣……全都失敗了。我確實有一張漁網，但不知道該怎麼下網，而且我也不想抓到海豹。

在這樣的溫度下，莫妮克不會再出去了。如果她的雞冠凍結，就等於是廢了！而我只要一出門，鼻尖就會有冰柱，鬍子也會完全結冰。

我時不時會在筆記本上寫點東西。當我在海圖桌上找筆時，竟然奇跡般地發現一塊KitKat巧克力！我簡直不敢相信自己的眼睛，這是自從北極之旅啟航以來最棒的驚喜！我激動得熱淚盈眶。我太興奮了，是一塊巧克力耶！它一定是我從特雷吉耶或加納利群島出發時帶過來的。它已經面目全非，但在吃了兩個月的米飯和雞蛋之後，這簡直是天賜的禮物。

二月三日

今天早上，我去檢查釣魚線，和往常一樣，我兩手空空地回來。幸好天氣很好。白雪皚皚的山峰披上了淡粉色，然後在中午時分燃燒起來，從黃色變成橙色。在山峰的邊緣，彷彿有條熾熱的火線，再往上出現了一道白光，勾勒出耀眼的半圓形。

終於，它來了！

我衝去把莫妮克找來。

「看那邊，莫妮克！太陽回來了！」

莫妮克靜靜停在我肩上，我們一起見證了日出山頭的魔幻時刻。第一縷陽光溫暖地照耀著我，我睜不開眼睛，但這是多麼地幸福啊！我感到安慰，我放聲高歌，在冰上跳舞，就像印第安人在篝火旁起舞。極夜終於結束了。

二月十日

隨著太陽的回歸，莫妮克找到了曬太陽的新地點，就在帆船入口的上方。但是這幾天她都不上甲板來，我覺得她在孵什麼東西，而且不是蛋……她拒絕進食，也不再亂抓地板，大部分時間她都在小屋裡睡覺，這很不尋常……我很擔心她，不喜歡看到她這樣。

傍晚時分，我發現她棲息在我的書本上。她在那裡看起來很舒服，我就不去打擾她了。為了讓她更舒適，也為了保護我的書，我把一件舊運動衫揉成一團塞在她屁股下面，當作墊子。

晚上，她就在那裡睡著了，頭埋在翅膀下面。這是第一次。我希望她明天會好起來。

二月十一日

今天早上，莫妮克看起來比昨天有精神多了。她在書本上睡了一晚，雖然有運動衫墊著，她還是在我的字典上留下了紀念。我把她的飯碗拿過來，期望她恢復食慾……她把嘴巴伸進去，我這時才總算放心了。

走到甲板，我發現新積的雪和海風，我絕對要好好利用這個機會，這是玩風帆衝浪的理想天氣。正好，我可以在我的槳板上裝風帆。我在浮冰上準備好裝備，臉上帶著微笑，我從未想過會有這麼一天。戴著手套很礙事，我花了很長一段時間。準備好後，我把一個相機掛在板子前面，展開雪地啟航！我把一隻腳踩在槳板上，風灌滿了帆，但板子並沒有起飛，而是黏在雪地上。我緊緊抓住帆桿，接著就被彈射出去，狼狽地摔在帆上，整張臉陷進雪裡。邁入第十次嘗試，我再也笑不出來了。雪融化成一種糊狀物，黏在板子上。長久以來我一直夢想著這一刻，只要我有想法，就不會放棄。但這一次，沒有遺憾，至少我嘗試過了，而且這讓我很盡興。

我回到船上，寒冷和勞累讓我筋疲力盡，於是我決定給自己一點小獎勵：洗個澡！多虧了美麗諾羊毛，我可以連續幾天穿同一雙襪子和內褲而不會出汗，反正我身上沒有味道！莫妮克也沒抱怨。再說，我也不可能比她的木屑更臭，而且我還有香薰蠟燭。我每天還會噴上尼可萊（Nicolaï）香水，這才是法式洗浴！

今天是個值得慶祝的日子！我在暖爐上燒了一鍋水，並在地板上鋪了一塊防水布來保護地板。我把毛巾浸在鍋裡，然後站在防水布上，用橙花沐浴露把自己徹底洗乾淨。我沒用洗髮精，因為那樣太浪費水了，頭髮只能等回到薩卡克再洗。接著，我用熱水淋遍全身。太舒服啦！我不能洗太久，否則船艙內會變成游泳池。我拿起毛巾，用力擦乾身體。風從舷窗灌進來，船裡的溫度不到十度。

我穿上乾淨的內褲和襪子，這些日常生活中的小事已然成了遙遠的回憶。原來這麼舒服啊！

在我完全穿好衣服之前，我秤了一下體重，七十四公斤。我在幾週內瘦了六公斤。

今天早上，浮冰上覆蓋著剛落下的雪，這正是測試全新滑雪板的好日子。我已經有將近七年沒有滑雪了，那時候我天不怕地不怕，但這次我會小心謹慎，現在可不是摔斷腿的時候。

我把鞋子塞進背包，把滑雪板綁在兩側，拿起相機朝海岸走去。爬上山很辛苦，我缺乏鍛鍊，肺部像是著火一般，加上裝備的重量更是吃足苦頭。

高度越高，景色就越壯觀。到達山頂，我被眼前的美景驚呆了。海灣和浮冰一望無際，冰山在陽光下閃閃發光，我好感動。誰知道呢？我可能是踏上這片處女地的第一人，獨自一人在這片浩瀚的景色裡。我感受到一種無邊無際的自由。

我穿上滑雪板，開始下山。必須很小心，雪從鬆軟的粉末變成光滑的冰面，但這仍然是很棒的體驗。

到達山下後，我切換到健行模式，鬆開固定器，走完剩下的三百公尺回到「伊維內克號」。能夠滑雪回到自己的船上，真是尊榮的享受。

第二天早上，我去放釣魚線，雖然多次失敗，但我還是沒有放棄。在每個冰洞上方，我橫放一塊木板來固定釣線。天氣晴朗，天空中沒有一絲雲朵。傍晚，我會帶著破冰錐回來，敲碎重新結上的冰，希望能釣到魚，哪怕只有一條也好。

藍天裡，一架飛機劃出一道白線。它從哪來的？要到哪裡去？飛機裡面有兩三百人，他們正準備與家人、朋友團聚。他們待在溫暖的機艙裡，小桌板上放著餐盤或熱氣騰騰的巧克力。透過舷窗，他們欣賞著白茫茫的景色，卻無法想像一個渺小人類選擇把自己封閉在這裡，直到大自然將他釋放。他們能看到我的船嗎？

我打算滑雪去海灣的盡頭。沒想到，我竟然在浮冰上滑了幾乎兩三公里，才看到海水。這一點讓我感到非常不安。我脫下滑雪板，小心翼翼地走近，看看冰層停在哪裡。如果我穿著滑雪鞋掉進海裡，就很難再爬上來了。兩天前，浮冰至少覆蓋了海灣的八成；現在，有一半以上的冰都融化了。我不明白，明明氣溫還很低，一定是海浪侵蝕了它。我擔心遇到大浪會發生最壞的情況。我試著不去想這些。

出發前，我打開了導航燈，以便回來時能找到方向；我總是擔心濃霧會突然出現或是暴風雪來襲，這樣一來，我可能會從帆船旁邊經過卻視而不見。我最後一次回去檢查釣魚線，還是沒有魚。六條線，十幾個魚鉤，什麼都沒有。這是在開玩笑嗎？

我覺得很沮喪。到目前為止，我的所有嘗試都沒有成功。

我厭倦了在低溫中等待一條不會上鉤的魚，等到鬍子和睫毛都結冰了。我突然想到一個點子：如果我在床上釣魚呢？我在船尾的冰層上挖了個洞，放下一條新的釣魚線，然後透過「伊維內克」入口處的滑輪系統，將釣魚線一路拉到我床邊。

稍晚，我舒舒服服地躺在被窩裡，手裡拿著釣線，欣賞著北極光，希望有魚能上鉤。

今天早上，我曾經帶著裝備，準備長途跋涉到海灣的另一頭。但雪深及膝，灌進了我的鞋子裡，我的腳失去了知覺。夜裡西風猛烈吹著，我想查看浮冰是否退縮，但只是虛驚一場，浮冰似乎沒有變化。

第二天，風勢增強，變成了暴風雪，雪打在我臉上。球帆的升降索拍打著桅杆，發出可怕的噪音。莫莫卻不為所動，還為我下了一個漂亮的雞蛋。

我出去轉了一圈，環顧整個海灣。這一次，浮冰確實在退縮。我迅速穿上衣服，抓起我的破冰錐準備近距離觀察。

我感覺到處都是水！沮喪地測試一下冰層，它其實很厚。我搞不懂，一定是海水變暖了，我想不出其他解釋。我停在距離海水三十公尺的地方，不能再往前走了，否則可能會掉進海中。我最好還是回去吧，我甚至沒有穿救生衣——本來以為從船上看到的是海市蜃樓，但我確實是被海水包圍了。

晚上，我在床上輾轉反側，焦慮湧上心頭。浮冰的厚度是上次擱淺時的兩倍，如果它撞上船體，我的船恐怕凶多吉少。我無法入睡，不停地想著各種災難場景。我必須再去檢查一下——這已經是第N次了。

我點亮桅杆頂燈，以便找到回去的路，然後就出發了。我試著在雪地上邁出大步，留下深深的腳印，方便找到返程的路。氣溫是攝氏零下三十五度，加上風寒效應，體感溫度可能有零下六十度。如果迷路，我就活不了了。試想古今有多少探險家都是死在距離帳篷只有幾公尺遠的地方？但此時，我看不見任何東西，天哪，甚至連海都看不見。我沿著自己的腳印折返，想回到船上，但腳印已經被風雪抹去。面對風雪和大霧，我失去了所有的方向感。我的臉已經失去知覺，心裡覺得不安，我只能依靠風向來引導自己。我試著思考，不讓自己驚慌。

終於，我看到「伊維內克」的燈光，我低下頭往家的方向走去。這真的太危險了，下次離開帆船時，我一定要繫上救生索。當我回到船上，發現莫莫正安穩地睡在書架上。

18

過去一個星期，風一直吹個不停，風向轉為東風和東北風，奇怪的是，風幾乎都是「暖風」。船艙裡的冰融化了，取而代之的是凝結水，這並沒有讓人覺得舒服多少，水整晚都滴在我的睡袋上！

我得去岸邊的桶裡取些柴油。現在風這麼大，有點冒險，但如果浮冰破裂，我被困在船裡，沒多久就沒有燃料可以取暖了。

為了打發時間，我瀏覽照片，家人和朋友的影片，那些我在伊維內克島上的美好回憶，同時重讀他們在我出發前寫給我的信。過了一會兒，我在電腦螢幕上看電影《鈕扣戰爭》（Guerre des boutons），我笑了。我發現獨處久了情緒也會變得更加強烈，大部分的時間裡，我都會無緣無故地大笑起來。

風小了一些，我準備去取柴油。我穿上乾式潛水衣，拿起雪橇，還有一個防水袋來裝雪。走了六百公尺後，我發現山上的岩石裸露出來。毫無疑問，如果雪融化了，那就說明氣溫升高了。

我躺在床上，感覺到船在動，但是浮冰還在原地。今晚很幸運氣溫又下降了，昨天冰塊似乎很脆弱，讓「伊維內克號」四周的海水滲了出來。我頭頂上的舷窗又開始結冰，像是一層不透明的濾光片覆蓋著它，扭曲了外頭的景色。

幾個星期下來，衛生紙沒剩幾張了，我不得不省著用。真夠嗆的！幸好還有一些報紙可以應急。

二月二十六日

醒來時，我看見舷窗外的天空一片湛藍！陽光照在我的臉上，暖洋洋的。遠處的浮冰又少了一些，看來解凍期比預計的要早，原本應該在五月左右。

很遺憾，我最近發明的床上釣魚法並沒有奏效，我開始覺得這片海灣裡根本沒有魚……還是我真的太遜了？我剪下一個寶特瓶的底部，改用玻璃紙貼上，希望做出一個望遠鏡。我跪在浮冰上的一個洞口前，試圖觀察冰下的動靜。這道具雖然很有巧思，但沒有奏效！

想滑雪，雪不夠；想玩風箏衝浪，風太小。於是我去散步，拍了很多照片。我還把「伊維內克號」的船體當作牆壁，在浮冰上踢足球。而球並非總是直線反彈，這讓我可以跑來跑去。

過了一會兒，我爬上桅杆，開始和一個想像中的朋友聊天。我問他在這裡多久了，他是怎麼在這裡生存的，還邀請他一會兒過來喝一杯……希望他會來！

19

寒冷並沒有持續太久，室外溫度計顯示攝氏零下三度。莫妮克棲息在它的小舷窗上曬太陽，我要趁著好天氣去運動一下，爬上山頂。自從開始過冬以來，我瘦了有十二公斤這麼多。由於食物供應不穩定，我必須注意我的健康，保持良好的狀態。我手裡拿著破冰錐，朝海岸走去。隨著溫度升高了幾度，我明顯感覺到浮冰變薄了。

環顧四周，只有白茫茫一片，我在雪地裡的腳步聲，還有一些北極兔和馴鹿的足跡。我停下來喘口氣，視線俯瞰著眼前的景色，美極了！當然，在這些山峰之間，我度過了許多艱難的時刻，但此刻，這片風景值得我忍受一切苦難。

經過幾個小時的徒步，我開始下山。在接近海灣出口稍遠的地方，浮冰已經被深藍色的海水取代。我有點迷失方向，不確定是否選擇了最直接的路線。大約下午四點半的時候，我看到了「伊維內克號」。

回到船上時，我的腿像著火一樣，但感覺很好。過去幾個月我一直悶在船裡，我需要到外面去，親近大自然，發洩一下精力。我透過舷窗望出去，太陽正消失在山的後頭。

二月即將結束，明天又將是新的月分，我們越冬的第四個月。

三月一日

為了迎接三月，莫妮克在我的毛衣上下了蛋！只要她繼續下蛋，我就感到開心。而且我喜歡她有點叛逆的個性，那種「我想在哪下蛋就在哪下蛋，想什麼時候下蛋就什麼時候下」的態度！

氣溫是攝氏零下五度，天空湛藍依舊。對我們來說，這就像春天一樣。我穿著泳褲，光著腳丫在甲板上散步。這是測試我的走繩能力和表演冰上走鋼索的好日子！我把繩子的一端固定在船上，另一端固定在一個我裝滿海水的承重桶子上。一開始，我穿著鞋子上去，但沒走幾步就摔了下來。莫妮克一副揶揄的模樣看著我。

「你倒是來試試看啊！」她舒服地棲息在走繩上，一動不動。不得不承認，莫妮克是平衡界的女王！我對自己的表現有點失望，於是脫掉鞋子讓自己更舒服些。我在繩子下面鋪了一塊墊子，以免光腳踩進雪地裡。經過一次又一次的嘗試，我終於成功了！我在腳趾失去知覺之前停了下來。

「莫妮克你看，沒什麼了不起的！」

我想讓莫莫也享受一下滑行的樂趣。幾週前，我在岸邊散步時發現了一個舊雪橇的殘骸，現在再用木板和繩子為她打造出一架漂亮的訂製雪橇。一開始，她拍打翅膀顯得不太放心，但最後終於明白個中技巧，恣意享受滑行的快感。

黃昏時分，我去海邊慢跑，這已經成了我每天的例行活動。

看著昨天爬山拍的照片，我都認不出我自己了。我看起來像是個克羅馬儂人，一頭亂蓬蓬的頭髮遮住了臉。我的頭髮和鬍子從來沒有這麼長過，而且看起來好像我給它們抹上了機油。我決定剪掉頭髮，把鬍子刮乾淨。

當然，我沒有太多工具來為自己理髮：我手邊只有不合適的廚房剪刀，或是我的李德門（Leatherman）多功能摺疊刀。不過，我還是動手了：抓起一撮頭髮，然後又一撮，但摺疊刀的剪刀實在太小了，按照這種速度，我一個星期也剪不完。最後，還是廚房剪刀派上用場。我照了照鏡子，看起來像個青少年，髮型相當怪異。當我把手放在後腦勺上時，可以感覺到有幾個洞……不過，我在這裡也沒有對象需要吸引。接著，我用剃刀把鬍子刮乾淨。

20

昨天，我們差點就能吃到第一條魚！我釣到了一條小魟魚，高興過頭，以至於竟把牠連同魚鉤一起放回洞裡，然後跑去拿相機——因為三個月來第一條可以吃的魚，我一定要記錄這個奇蹟時刻！結果當我回來時，魟魚已經不見蹤影。我非常自責，竟然錯過了這個可以吃到鮮魚的世紀良機，我不確定這種機會還會不會再出現。

但我不會放棄。我一個洞一個洞逐一檢查釣線，什麼都沒有。在最後一個洞時，驚喜出現了，雖然不大，釣線也沒動靜，但確實有東西。我拉起釣線，結果纏繞在線上的是兩隻海膽！兩隻新鮮的北極海膽！我簡直不敢相信，高興得不得了。

晚上，我做了一個炒蛋來搭配海膽。這是一頓迷你大餐，我也讓莫莫嚐了嚐，沒有理由不和她分享。

幾乎整晚都在下雪。我們還剩下一半以上的柴油，我永遠都用不完。我索性把恆溫器開到最大，太舒服了，我甚至可以裸體在船上溜達！

每當天氣和能見度允許的時候，我會去跑步、散步、滑冰、挖洞釣魚。

今天，太陽就在不遠處，只被緩緩散去的雲層所遮蔽，西風輕柔地將薄雲給帶走。我終於可以在浮冰上嘗試風箏衝浪。滑雪板上玩風箏衝浪，這還是第一次。

我將風箏打氣，然後出發。這比玩帆板要順暢多了！我拉著繩索，逆風而行。滑行順暢絲滑，我彷彿置身水上。

今天，我沒有離船太遠，因為雪大，十公尺外就看不清了。我正在思考接下來的計劃。離開這裡後，我得幫「伊維內克號」做些小維修，我可能會去伊盧利薩特待一段時間。

三月二十六日

下午一點

又一場風暴來襲，我很清楚浮冰可能會再次破裂。這一次，我有幾個小時的時間預做準備，避免災難發生。我趕緊把放在浮冰上的油桶和設備全都收回來。而舵——用來控制帆船方向——卻完全被困在冰裡，我花了幾個小時用破冰錐拚命敲打冰塊才將它鬆動。風暴肆虐，我全身濕透，什麼也看不見。船開始晃動。希望一切順利，我感覺解凍的時刻即將來臨。

下午五點

我的預感是對的，這次越冬比預期的還要早結束。帆船四周冰層起伏、破裂、爆炸。風持續增強，陣風風速超過五十五節！幸好我有把物品都綁好，包括小艇、槳板和其他東西。浮冰徹底崩解，我的心也悵然若失，就像每一次故事結束時一樣，我不知道自己是難過還是如釋重負。

晚上七點

現在已經是漆黑一片。我入迷地、有點恍惚地看著浮冰在風的摧枯拉朽下一個個消失。「伊維內克號」終於從冰封的束縛中解脫了；就這樣，一切都結束了。我希望錨不會因為風和冰的影響而滑動，導致我們再次擱淺。我檢查引擎，確保一切正常，然後重新啟動。我必須確保能夠繼續操控船隻。

三月二十六日至二十七日晚間

我簡直不敢相信，景色完全變了，但事情還沒結束。一大塊浮冰卡在「伊維內克號」的錨鏈上，讓我們動彈不得。它不斷猛烈撞擊船體，讓我們身處危險之中。我必須想辦法脫困。我整晚不停敲打浮冰，試圖讓它鬆動。現在，我們終於自由了。

回到無冰水域的幾天後，我有客人來訪！是薩卡克的兩個朋友，他們在附近捕魚，順道過來看看我和莫妮克是否安好。我在船上請他們喝茶。自從一個月前那次奢華的「淋浴」以來，我就沒有再洗過澡，沒想到竟然會有客人來訪！我們坐在船艙裡，手拿冒著熱氣的茶杯，想辦法進行交流。他們幾乎不會說英語，而我那點可憐的格陵蘭語也忘得差不多了。我試著打聽海灣裡是不是還有很多siku（冰），以及有沒有漂流的Ilulissat（冰山）。我們用手勢、動作和笑聲彼此交流。對我來說，能夠再次見到人，能夠說說話，能夠聽到除了自己以外的聲音，真是一大樂事啊！我們互相道別，很快就會再見，也許幾天後，那麼，aluu！takuss！（再見！謝謝！）他們向我保證：薩卡克幾乎沒有冰，可以順利通過了。

那莫妮克，你覺得呢，我們要回去了嗎？

四月二日

太陽再次露臉，冰層幾乎消失。一陣東風把我們推向外海，是時候了。我帶著一絲不捨，收起八十公尺的錨鏈，然後張起風帆，「伊維內克號」在平靜的海面上滑行。如果一切順利，明天我們就抵達薩卡克。

我望著海岸，那是我收集新雪的地方。我抬頭看向山頂，在那裡我曾欣賞到千變萬化的天空和色彩柔和的浮冰。十一月二十五日，剛到這裡的時候，我以為自己會在冰雪中生活至少六個月，然而大自然卻另有安排。

一百三十天和一百零六顆雞蛋後，我們靜靜地離開這個地方，它曾是我們的冰雪地獄，也是我們的白色天堂。在這片寂靜的海灣裡，我留下了一部分的自己，雖然只有幾個月，但我可以感覺到有些東西已經不同了。我想，我找到了前來此地尋找的東西……我自己。

第三部

西北航道

21

船一靠岸，孩子們就朝我們跑來。盧卡卡和他的小夥伴們湧上船，圍著我轉，呼喚著站在高處看向他們的莫妮克。他們搶著玩我的手機、iPad和電腦，還發動小艇玩樂，跳上跳下，喊著「吉雷克！」「吉雷克！」「吉雷克！」我回來的消息已經傳遍整個村莊。當天晚上，我就獲邀去「喝咖啡」。我有種回家的感覺。

但首先，我去了社區中心洗了一個真正的澡。熱水從我的肩上流下來，我閉上眼睛，肥皂的香味瀰漫在浴室裡，好希望這一刻可以延續幾個小時！洗完澡，噴上香水，換上乾淨的衣服後，我把所有的衣物，還有床單、被子、毛巾……等都放進洗衣機裡，我看著機器規律地轉動，心中充滿喜悅，並且意識到這個動作並不是日常生活中的瑣事，而是一種特權。這些我年輕時甚至沒有注意過的小便利，現在突然在我眼中成了一種不折不扣的「奢侈」。

晚飯前，烏諾要我坐在椅子上，他要給我好好理個髮；這正是我所需要的。文明生活真夠愜意，我已經準備好參加我的第一個社交晚宴了。

晚飯時，我狼吞虎嚥吃著一百三十多天來的第一頓蔬菜！櫛瓜、生菜、番茄、玉米和馬鈴薯，它們都是從伊盧利薩特用直升機運來的。對我的味蕾來說，這簡直是一場味覺的煙火盛宴！

我在村子裡待了兩個多月，天氣一天比一天好，氣溫漸漸回暖，白天也越來越長。我把握這些天晴的日子，對「伊維內克號」進行一次春季大掃除，扔掉很多佔地方的廢物。

我也花了很多時間和朋友們相處。他們用狗拉雪橇，帶我認識周圍的環境。我和烏諾一起釣過大比目魚，和亞當一起在廣闊的戶外散步。

我認識了烏諾的姪子馬庫斯，他是村裡的風雲人物。馬庫斯在格陵蘭足球隊踢球，擁有薩卡克最氣派的房子。白天，他去釣魚；晚上，他會坐船去伊盧利薩特訓練，來回航程要兩個小時。我看過他在電視上的比賽。我還被邀請參加村民的生日派對。這些派對都是對外開放的，人們走進來吃馴鹿肉、鯨魚肉，喝上一杯，嚼點鯨魚皮（mattak），然後就離開了。

在和村民相處的過程中，我了解到他們的生活方式。格陵蘭是一個非常和平的國家，這裡沒有派出所。由於大多數村莊都很偏遠，居民們主要是靠互助來生活。他們會竭盡全力幫助彼此，如果你需要幫忙，馬上就會有十五個人前來伸出援手。當地沒有汽車修理工、水管工或電工，每個人什麼都懂。薩卡克就像一個大家庭。

春天來了，莫妮克開始跟著我到處跑，她身邊總是圍繞著一群愛玩的孩子。但她只對一樣東西感興趣：蚊子。這個季節蚊子特別多，她會熟練地抓住它們，然後狼吞虎嚥地吃進肚子裡。

五月底，我回到伊盧利薩特修理帆船。在港口，我差點就把莫妮克給弄丟了！當我們兩艘船並排停靠時，她跳到了隔壁的漁船上，那艘船在她還來不及回到「伊維內克號」就出海捕魚了。幸好船員夠好心，特別掉頭把她送回來，否則就算吃了她，也不會被發現。不過我想，那些人肯定認出我們了，畢竟格陵蘭沒有幾隻雞，而莫妮克可是漁港的大明星呢！

有一天，我帶著她在伊盧利薩特散步，經過一所學校的窗前，我看到很多學童都在觀察莫妮克！老師打開門，莫妮克自己走進了教室，一點也不害羞。孩子們笑彎了腰。我把莫妮克放在椅背上，然後開始介紹。

「我是吉雷克，她是莫妮克！」

學生們一邊撫摸她，一邊重複著「莫妮克！莫妮克！」

五月已快到盡頭時，太陽不再落下。傍晚時分，它緩緩下降，倒映在平靜如鏡的橙色海面上，將冰山染成金色的山脈，隨後像著火的氣球一樣在海平線上彈起，再次緩緩上升。白晝變得無窮無盡，孩子們高興極了。他們踢足球一直踢到半夜一點鐘！這讓人很難入睡。

我在床上輾轉反側。莫妮克是個很好的伴侶，但有時我還是會想念更人性化的陪伴，一個可以交流的對象。

我的手機發出震動——我都忘了還有這東西。是康斯坦丁，我大姐瓦倫婷的兒子；我和他還有另一個外甥西奧一起幹過不少傻事。有一次，我們差點造成伊維內克島大火。當時我們想在房子後面生個篝火，但火勢失控，開始蔓延！幸好大人們拿著水管和水桶跑過來，不然房子就會被我們給燒了。我迫不及待想見到他們。

現在是時候為七月的西北航道之旅做準備了。就在這時候，我感到腹部劇烈疼痛。我並不是嬌生慣養的人，但這次疼痛一直沒有消退，於是我打電話給兒時好友馬克森斯，他現在是一名醫生。他要我到伊盧利薩特醫院做檢查，但他們沒有發現任何問題。我忍受了幾天非常難受的日子，然後再次聯絡馬克森斯。我痛得直不起腰來，他覺得我所有的症狀都指向闌尾炎，要我緊急前往努克，但我不想冒險在格陵蘭動手術，而且我也沒有保險，這會花掉我一大筆錢。於是我緊急買了一張經哥本哈根飛往巴黎的機票。馬克森斯在戴高樂機場等我，直接送我去醫院動手術！如果這發生在越冬期間，我肯定就沒命了。這就是為什麼多數船員在第一次遠洋航行前，都會切除闌尾，就像拔掉智齒一樣。要回格陵蘭之前，我被要求做一次全面的健康檢查。利用這次被迫停留法國期間，我回去探望家人——和家人團聚，我心裡覺得很溫暖，但沒有你，爸爸，卻也感覺如此冷清。

七月十二日，我在伊盧利薩特認識的法裔格陵蘭朋友朱利安家裡與莫妮克重逢，他把莫妮克照顧得很好。雖然我感到疲憊，但時間不等人。在我回來的兩個星期後，種種條件似乎都很有利於穿越巴芬灣。

二〇一六年七月三十一日，星期日，晚上十一點零五分，在一個陽光燦爛的夜晚，我懷著忐忑和不安的心情起錨了。

一個漫長的篇章結束了。

一年前，當我踏上卡科爾托克的土地時，我從未想過會在這裡停留這麼久。我也沒想到會對這片土地產生如此深厚的感情，在這裡結交朋友，找到一個真正的家，更沒想到離開這一切竟是如此痛苦。

出發前，我腦中浮現的是寧靜的冰山、在藍天下聞風不動的浮冰、被北極光照亮的夜晚，還有北極熊和長著鬍鬚的海豹。我想像每天都能享用鮮魚，大比目魚、鱈魚等等。我想像等我回來時，第一通電話會打給我的父親，我會興奮自豪地告訴他：「爸，成功了，我做到了！」我渴望冒險，但我卻是個蹩腳的探險家。我對極北地區一無所知，也不知道在那裡等待我的是什麼。如今，我已經不再是過去的我了，歷經這兩次挑戰之後，我開始深思。在這幾個月的浮冰生活中，我學會了放慢腳步，學會了思考，對人生提出了很多疑問。

我曾經歷過沮喪、厭倦的時刻，但這些情緒從未持續太久，我也從未害怕死亡。我害怕的是失去我的船，那太可怕了，我也害怕失去莫妮克。

我明白自己並不欠缺勇氣和力量。面對父親離世，我學到了「永遠無法重來」的意義。雖然面對惡劣的自然環境、風暴、寒冷、冰雪和擱淺，但我堅持到底，從未放棄。這已經很了不起了。

22

我已經對長時間航行感到生疏，但這次航行看來會很漫長。如果一切順利，我會在九月中前抵達阿拉斯加的諾姆（Nome），這代表要在海上度過整整一個月。因為沒錢，我又得放棄某些維修工作。我沒有自調航向儀，也沒有自動駕駛儀，羅盤在靠近極點的地方也無法正常工作。我的地圖也很粗略，因為這地區沒有詳細地圖。至於通訊系統，我只能依靠銥星電話。我在聖馬丁的朋友尤安會幫我下載衛星天氣檔和冰層圖，還會定期發簡訊和打電話給我，提供盡可能精確的GPS定位。西北航道到處都是固定和漂浮的冰層，必須想辦法預測它們的動向。

出發前，我加滿了水。至於柴油，我還剩下很多，我甚至把一些油桶留給薩卡克居民，以減輕船的重量。我保留了必要的燃料，以便在穿越西北航道時，應付典型長時間無風的引擎航行。

面對這條航線，大多數航海者會在加拿大最北端的城鎮雷索盧特灣（Resolute Bay）停留，它位於溫尼伯（Winnipeg）以北。所有人會在當地等待航道開通，然後直接向南航行。從薩卡克到雷索盧特灣需要十天的航程，但我選擇了一條更短的路線。我打算先向南航行，穿過貝洛特海峽（détroit de Bellot）。

在前往西北航道時，我會沿著迪斯科島航行，靠近我越冬的海灣；我現在仍有種要回家的感覺。我正使用引擎航行，海面平靜如鏡；在冰山之間穿行，我毫無畏懼。這片水域我很熟悉，與這些壯麗的龐然大物為伍長達一年，我已經學會了預測它們的行為和漂移方向。

離開薩卡克時，我心情很複雜，處於過去和現在之間的模糊地帶，既興奮又悲傷。我答應過朋友們有一天會回來，但什麼時候呢？

突然，我面前出現了一堵巨大的霧牆。我駛入了這片厚重潮濕的棉絮中。當我從雲霧中出來時，我感到昏昏沉沉，全身濕透，但彷彿洗去了所有的憂傷，過去的一年留在了那層薄紗後面。烏諾、亞當、盧卡卡和其他朋友、迪斯科灣、父親的離去，都已成為回憶，留在了霧氣之中。這些回憶將滋養我，推動我前進。

經過迪斯科島後，我們進入了巴芬灣。風勢漸起，我揚起了帆。太陽重新升上地平線，八月一日，新的冒險開始了。

船行很順利，我順風航行。沒有雷達來探測冰山，但幸好有二十四小時的日照，用肉眼就可以發現它們。突然，我看見海中央有塊灰色斑點。我查閱地圖，但沒有任何島嶼的標記，真奇怪。籠罩在水面上的霧氣模糊了視野，直到靠近障礙物幾公尺，我才發現那是一堵巨大的冰牆，眼前是一座至少五十公尺高的冰山。我無法想像它在海底下的部分，那可能有水面上的十倍大。我必須迅速採取行動。我啟動引擎，改變航向，真是千鈞一髮！

從那以後，我再也不敢鬆開舵柄，會不停地審視海平線，也不敢有絲毫鬆懈。有時，我會打幾秒鐘的瞌睡。當帆船逆風航行，帆面發出拍打聲時，我就會驚醒過來。

我已經七十二小時沒有睡覺和進食了。我必須睜大眼睛，緊握舵柄，找到正確的航道，絕對不能被困住，導致無法前進也無法折返。所以我繼續前進。

我四天沒睡了。我很餓了。在餵食莫妮克時，如果有發現雞蛋，我會迅速料理，然後在掌舵時吃掉。我很冷，身體瑟瑟發抖，腿已經麻木了。有時我的視線變得模糊，不僅僅是視線而已，我還會開始胡思亂想，感覺船上有別人。我到處尋找，期待有人來接替我掌舵，但會是誰呢？我感到非常困惑。當然，船上沒有其他人，只有我一個。我是怎麼了？

突然，我清醒過來了。我看見食物，盤子上放著一隻烤好的布列塔尼龍蝦。我看見島嶼，但一靠近就消失了。我看見村莊、船隻。我聽見有人在說話。

這些幻覺開始讓我感到害怕。我設定了鬧鐘，然後躺下。我很快就睡著了，但大腦仍然保持警覺；我沒有睡好。為了避免出事，我決定採取「迎風待航」的方式。我把舵柄固定在順風方向，然後把前帆調整到逆風方向，這樣就可以穩住船隻。但我必須很快重新掌舵，以免偏離航線。

我的大腦運轉越來越慢。我太累了，甚至不知道自己身在何處。我覺得自己好像碰到了陸地，即將在一座山腳下擱淺，但後來才意識到那是一座冰山。我趕緊轉向避開它。

在永晝的日光下航行了六天，將近一百個小時沒有闔眼，我終於抵達了巴芬灣的盡頭。在伊盧利薩特時，一艘大型貨船上的船員建議我在加拿大北部海岸的小鎮龐德因萊特（Pond Inlet）停留，它位在拜洛特島（I'île Bylot）南部。他們要我放心，說過海關不會有事：

「沒問題啦，他們不會上船檢查，那裡的海關查驗很寬鬆……」

當地海關只是一個建在海邊的小棚子，沒有碼頭，什麼都沒有。官員們不會問我任何問題，我可以輕鬆入境然後離開。

按理說，為了莫妮克，我應該提前幾週申請許可，但我記得哈利法克斯那些通情達理的海關人員，他們看到莫妮克的時候並沒有太在意。龐德因萊特也是加拿大的一部分，應該也不會有什麼問題。

我在龐德因萊特對面下錨，那裡是所謂的「顛晃」錨地，船會搖晃得很厲害，很不舒服，但我已經累到可以在離電鑽一步之遙的混凝土塊上連續睡上十二小時。我開始給小艇打氣，然後把它和引擎一起放到水裡。然後我發動引擎，駛向岸邊，幾位因紐特人給我指引海關的方向。

兩個人遞給我一些需要填寫的文件，並問了我一些例行問題：從哪裡來？在加拿大做什麼？

「年齡？」「二十三歲。」

「國籍？」「法國。」

「我是一個人嗎？」「是的。」

「船上有植物嗎？」「沒有。」

「船上有動物嗎？」「沒有……」

「有帶槍嗎？」「沒有，沒有槍……」

好的。

接著，其中一個海關人員對我說：

「很好，我們要去你船上看看。」

哦……慘了！

他們穿上救生衣，踩著大靴子上了小艇，準備出發。從海岸到帆船的短暫航程中，我結結巴巴地解釋說，我沒有武器，但是有個漁夫給了我一個東西，可以發出聲音，嚇跑北極熊什麼的……他們看著我，似乎在想，我是不是在耍他們。我心裡盤算著，等到了船上，我會想辦法跑在前頭，然後把莫妮克藏好，再把我的槍藏起來，然後……

然後，什麼也沒有發生，因為事情根本沒有按照我的想法來進行。

到了船上，莫妮克在甲板上漫步前來迎接我們。那些人看我的眼神越來越不對勁。我試圖挽回局面。我正準備和他們一起上船，但這也沒按照計劃進行。

「你，留在這裡和我同事待在一起，我上去看看。」

我有種不祥的預感。他回到甲板上，表情不太友善：

「這是什麼？」

他舉起了我的卡賓槍。

我能說什麼呢？

他沒有驚動莫妮克，但把卡賓槍帶上了小艇，他還帶走了所有的子彈，至少有兩百發。我一定是把這些東西都忘在海圖桌上了。這些子彈數量足以讓我將他們打成篩子。兩人開始變得咄咄逼人，像打量恐怖分子一樣盯著我。他們在海關給我戴上了手銬。

事情大條了。

「你的船被加拿大政府扣押，從現在開始，它不再是你的財產。」

好極了。

「你欺騙我們，必須入監等待審判。如果幸運的話，你可以繳交巨額罰款，我們會把船還給你，然後請你打道回府。否則的話，我們會把你送上飛機遣返法國。」

我無法相信。不會吧！不會在我付出這麼多努力，在我一週都沒闔眼，在我即將抵達太平洋，在格陵蘭凍了一年之後，前功盡棄。如果我現在回去，整個計劃就泡湯了。而且我可能會再次被困在冰層中，被迫等上幾個月才能離開。

我請求他們讓我打電話，我說我的姐妹可以幫我找律師，協助我脫困……

「不行。」

他們取下我的鞋帶和手鍊，把我關進牢房。

牢房裡有一張帶小床墊的長椅，廁所還算乾淨，雖然比不上五星級飯店，但至少我可以暖和地休息一下。我要自己正面看待這件事情，保持我一貫的樂觀態度，但我很快就幻滅了。牢房裡冷得要命，我的獄友顯然喝醉了，不停地大喊大叫，還猛敲牆壁。疲憊最終戰勝了我所有的抗拒。當獄警搖醒我時，我覺得自己才剛閉上眼睛，但其實已經過六小時了。

他們把我帶到辦公室，讓我打電話。電話那頭，一個友善的傢伙用法語跟我說話，他的職位似乎不低。我拚命道歉，跟他解釋說我之前和其他人溝通時，因為自己英文不好，沒能聽懂問題。最主要是，我已經好幾天沒睡覺，早已筋疲力盡，失去了判斷力。但我發誓，我沒有惡意，也不打算留在加拿大。我試圖用一個年輕人為了前往阿拉斯加挑戰西北航道的故事來打動對方。我帶著母雞旅行，是想為這趟獨旅增添樂趣。這明顯可以聽出我和莫妮克都是無害的，我當然也不是什麼壞人。對方聽我滔滔不絕講這些理由時，似乎一邊在打電腦。他應該是找到了我的臉書還是網站，態度立刻軟化，變得更為友善。總之，他說，我有錯，本來應該受到懲罰，但這次他們會網開一面。

「聽著，我們會讓你繼續前往西北航道，我們甚至會把槍還給你，雖然你沒有許可證。在這些地方可不能掉以輕心，你可能會需要它來應付北極熊。」

海關人員對這種特殊待遇感到相當驚訝和不滿。

「你真的很幸運，這完全不合規定。」

這些人大概會很樂意把莫妮克烤來吃吧。

我在龐德因萊特沒有逗留太久。這裡沒有柏油路，村莊泥濘不堪，顯得有些淒涼。

街道兩旁是褪色的小木屋和林立的電線杆。這裡的一切看起來都和我對加拿大的印象截然不同，我簡直不敢相信這裡是加拿大。還好，哪裡有孩子，哪裡就有生機。他們的笑聲讓街道充滿了活力。他們奔跑、唱歌、踢球，還向我要糖果，「Candy」、「Candy」！居民們都很友好熱情。他們告訴我，我抵達的時間剛剛好，冰層剛剛融化，但沒多久就會再次結冰。他們送了我一條當地的魚，但我聽不懂牠的名字。

我加了一些柴油，然後再次揚帆啟航，向正北方的貝洛特海峽前進。帆船的位置是北緯七十四度，這是我和莫妮克的新紀錄！現在是凌晨三點，太陽位於低點，海面平靜。我們揚帆出發，緩緩前進，只有在完全無法前進時，我才切換到引擎動力。

我手持雙筒望遠鏡站在舵邊，仔細觀察每一塊浮冰，希望能看到北極熊。偶爾，我會用繩索把舵固定，好讓自己休息一下。但這時船就會不聽使喚，我不得不持續修正它的方向。沒辦法，我必須保持清醒才能維持航向。

沿著巴芬島南下，我們幾乎筆直地朝著貝洛特海峽駛去。我希望海峽可以通行，這是一條捷徑，但是非常狹窄，而且經常被冰層堵塞。

這條通道長約三十五公里，寬度只有一到兩公里。這就是為什麼大多數的帆船都會避開這條路線，選擇從雷索盧特灣直接向南航行。但我相信尤安下載的最新天氣預報，海相對我很有利。

越靠近海峽，就越能看到前方有浮冰漂移。離開龐德因萊特後不久，我還能用球帆航行，但現在不得不把它降下來。我又再一次開啟引擎，在冰層中穿梭。

要穿越貝洛特海峽，必須選擇適當的時機。除了浮冰外，這裡的洋流也非常強勁，速度在五到十節之間變化；我必須確保洋流對我有利。我根據潮汐時間表調整航行，以便讓洋流把我帶向海峽。我已經計算好了，情況看起來還不錯。我用引擎緩慢前進，在浮冰之間穿梭。景色壯麗，色彩純淨，就像我呼吸的空氣一樣。

就在這時候，我終於看到牠了，氣勢不凡的北極之王。我只看到牠的頭和背部，強壯有力。牠游得很快，離帆船很近。實在沒想到牠會靠得這麼近，但只要牠沒有意圖爬上船，我就沒什麼好擔心的。看來牠是從海峽西部的威爾斯親王島過來的，正朝著陸地的方向前進。牠肯定累壞了，北極熊不適合游這麼遠的距離，牠一定是在尋找一塊適合牠需要的浮冰。我為牠感到難過。隨著全球暖化，冰層越來越少，我們看到北極熊不得不進行距離越來越長的遷徙，有時母熊和小熊會在到達冰層之前就因為筋疲力盡而死亡。我的卡賓槍就在手邊，但我肯定不會開槍，或者最多朝天空鳴槍，嚇唬牠一下。

我們順利通過了海峽，儘管有時洋流非常強勁，船身幾乎是橫著漂移。而且我不能完全依賴地圖，所以我得不時爬上桅杆尋找航道。四周一片荒涼，現在可不是擱淺的時候！傍晚時分，我們穿越海峽最後的四分之一，天空渲染著綺麗的色彩，倒映在海面和浮冰上。這是我離開格陵蘭以來最壯麗的風景之一。在這片荒野中，每個生物都在為生存而奮鬥。我看到有塊浮冰上，海豹群在傍晚柔和的光線下打盹。牠們並不害怕，看來這裡不常有人來捕獵，至少不是人類。不遠處，一隻北極熊正在啃食牠的同類。

離開貝洛特海峽後，我本來打算直接前往維多利亞島（Victoria）南部的劍橋灣（Cambridge Bay），但那裡的浮冰太多，我決定向南航行，沿著加拿大海岸線前進。掌舵時我不小心睡著，一聲巨響把我驚醒。船在一大塊浮冰前停下來，這塊浮冰美得令人讚嘆，上面有數百個凹穴，就像游泳池一樣。這真是難以形容的美景，我必須拍下來。無人機可以獲得更廣闊的視野，我還可以利用它找出離開這座冰雪迷宮的路線。但沒想到，無人機剛起飛就掉進一個坑裡！該死，我得想辦法把它撿回來。我下了船，小心翼翼在浮冰塊上行走，遠離邊緣。我把船穩穩停在一處水坑裡，就像卡在兩塊冰之間一樣，讓它難以移動。

最後，我成功找回掉在水邊的無人機，然後決定在這個奇特的風景中拍攝「伊維內克號」的照片。為了獲得更好的角度，我稍微往後退了一點，但這有點太冒險了。出發前，我爬上桅杆頂部，想拍攝更寬廣的畫面。放眼望去，我看到了一塊巨大浮冰，上面到處點綴著碧綠的水潭！

我把無人機放進米袋裡吸濕，但海水也會導致腐蝕，我不確定能不能把它救回來。

北緯六十八度。我們逐漸向南航行，太陽隨著夜晚的到來，光芒也漸漸減弱。

我們一大早就抵達喬亞（Gjoa Haven）村。這是阿蒙森（Roald Amundsen）為了紀念他的船「喬亞號」（Gjoa）而給這個地方取的西方名字。一九〇三年，他試圖穿越西北航道時，冰層將他的船給冰封了，不遠處有個當時沒多大的因紐特人營地。在那段時間裡，阿蒙森從這些人身上學到許多求生技能。後來在他前往南極探險時，這些技能都派上了用場。

這個村莊的原名是Uqsuqtuuq，儘管我盡了最大努力，但還是無法正確唸出來！我打算在這裡待幾個小時，休息一下，加點油。

經過一夜之後，我們在一片風平浪靜的海面上航行。除了海豹和鯨魚激起的小浪花之外，海面上沒有一絲波紋。而且鯨魚也越來越多，真是太棒了！其中還有一角鯨，因為牠頭頂上的長牙，人們稱之為海中的獨角獸。一隻海豹似乎跟我們看對眼，牠時而消失、時而出現，玩得不亦樂乎，對我們的出現感到很好奇。

當我需要休息一下時，我會用繩子把舵固定住，然後立刻秒睡。很多時候把我吵醒的是一聲巨響，因為帆船撞到了浮冰。雖然越冬時我就加固了船體，在船頭焊接了一些鋼板來保護它，但船體還是受到不小的損傷。從深度睡眠中突然驚醒，我需要一點時間才能明白自己身處何方。每次，我都擔心自己撞上另一艘船，或者擱淺在海岸上。但幸好，那只是一塊浮冰。

西北航道上沒有冰山，航行安全許多。然而，你必須時刻保持警惕，因為沒有雷達能探測到浮冰，它們不像冰山那樣會發出信號。

從格陵蘭出發以來，我們已經航行了一千五百海里，走完了西北航道的一半，位置在維多利亞島下方。我其實可以繞個小彎，在劍橋灣停留一下，但我不想拖延時間，再加上天氣很好，所以我決定繼續向南航行，而且已經航行了一段距離。

三天之後，一個低氣壓朝我們直撲而來。風力迅速增強，沒多久我們就遭遇了三十五到四十節的迎面強風。海浪很大，波濤洶湧地拍打著甲板，船身劇烈搖晃。我已經不習慣應對這種風暴，只能盡力迂迴前進，試圖逆風而上，但進展有限。我們每天只能航行二十海里，形同原地打轉，而且我已經疲憊不堪。我無法入睡，也無法進食，我受夠了。

經過兩天惡劣的天候，我已經筋疲力盡。我在一個偏僻小島上停泊了三個小時，睡了一覺。

我們再次出發。我希望十天後到達諾姆，但感覺這十天會很漫長。沿著加拿大海岸線的北冰洋，景色壯麗卻又充滿敵意，荒涼而冷酷。這裡沒有樹木，彷彿任何生命在這裡都無法立足。

八月二十三日，我們進入了庫格馬利特灣（Kugmallit），停泊在一處因紐特村莊圖克托亞圖克（Tuktoyaktuk），當地人稱之為Tuktuuyaqtuumukkabsi！

我在加油站認識了一個非常友善的年輕人理查。他問了我很多問題，我把我和莫妮克的旅行說給他聽。他召集了幾位漁夫朋友，請他們駕駛摩托艇幫我把油桶運到船上。所有人都上了「伊維內克號」，我跟大家介紹了莫妮克，並請他們喝一杯。理查留下來和我聊天。這時，我突然想到要在到達美國前把卡賓槍處理掉；經過龐德因萊特的意外之後，我不想再冒險，而且我也應該不再需要武器了。不過，我倒是很需要一些現金。我提議理查幫我找個買家，我會給他一點佣金作為回報。
就這樣，我和理查來到了村裡的毒販家！
「聽著，你的步槍，ＯＫ，我收下，這裡給你一些好貨色作為交換。你真的賺到了！這在美國轉手非常容易，而且價錢很高。你覺得怎麼樣，成交嗎？」
我保持輕鬆，面帶微笑。是啊，這當然是一筆好生意，但我寧可不要。我這輩子沒抽過菸，半根都沒有！
他最後讓步了：
「好吧，你想要多少？」
我們談妥了一個價碼，他直接付現金給我。
為了感謝我，在我離開的那天早上，理查邀請我去他家吃一頓豐盛的早餐：培根、香腸、柳橙汁、吐司和炒蛋！
離開圖克托亞圖克之後，風勢一直很大，我得常常張起球帆，真是太爽了！
八月二十五日，我們經過阿拉斯加最北端的巴羅角（pointe Barrow），將北冰洋拋在身後，而且這一路居然都是在沒有自動駕駛儀的情況下完成的！再過一個星期，我們就能抵達諾姆了。

這幾天，我們已經經歷了持續幾小時的黑夜，我必須重新適應。我很喜歡那些漫長的白晝，光線雖然變暗淡，但卻從不消失，而且這樣也比較容易保持清醒。

我們正在楚科奇海（Mer des Tchouktches）航行，就在阿拉斯加和俄羅斯之間！到達諾姆上方的希望角時，我們還被鯨魚包圍。我的雙眼應接不暇，只能不停地用相機拍攝畫面。另外，此行還附贈了壯麗的星空和北極光的舞姿！

經過希望角後，我完美應對了一場強風。繞過迪奧梅德群島（Diomède）後，船行進入白令海，那是通往太平洋的大門！

就這樣，二〇一六年九月一日，經過三十二天的航行和三千四百海里（約六千公里）的航程，歷經寒冷、飢餓和疲勞之後，我們在阿拉斯加的諾姆下錨，抵達西北航道的官方終點。

我們成功了。爸，如果你能看到我，一定會感到很驕傲！

我不是第一個獨自駕駛帆船穿越這條著名航道的人，但有一件事是肯定的：我是最年輕的那一個，而莫妮克也成為世界上第一隻能自稱「穿越了西北航道」的母雞！

第四部

從阿拉斯加
到加拿大

23

抵達諾姆時，我想快速入境。有了上次在加拿大被關押的經歷，我可不想在美國遇到同樣的事情，他們的嚴格可是出了名的。

我按照大多數國家的入境要求，在船上等待海關人員到來。到了第二天，仍然不見人影。我焦急萬分，於是上岸希望能加快通關手續，但在碼頭上遇到的一個漁民告訴我，這裡根本沒有海關，我可能要一直等下去！

事實上，經過這裡的船隻太少，他們要等到足夠多的船，才會從阿拉斯加最大的城市安克拉治派海關人員前來。這需要幾天時間，但我不想等下去，以免被惡劣天氣給困住。所以我決定離開，坦白說，這樣也省去了我必須回答關於莫妮克的尷尬問題。

我花了一些時間在村子裡閒逛。村裡只有一條街道，兩旁是木屋、酒吧和老酒館，看起來就像是個歷史悠久的西部小鎮。這裡的氣氛把我帶回兩百年前的淘金熱時代。十九世紀，人們在這裡的黑沙灘上發現了黃金，人口因此大幅增加。雖然現在還有一些人在淘金，但大多數人都已經離開這座城市。每一支電線杆上都張貼了尋人啟事，有個傢伙外出慢跑，已經好幾天沒有回家。他到底發生了什麼事？這個小鎮看起來明明很平靜。

兩天後，我正準備起錨，看到有人在撕掉那些告示。

「找到了嗎？你們找到他了？」

「是的，找到了對方……的脊椎了。可憐的傢伙在村子外被灰熊吃掉了！」

目前為止，我只見過性情相對溫和的北極熊。在西北航道上，我從未感到危險。但在這裡，我必須小心一點，灰熊會保衛牠們的領地，並在夏天大量進食，為過冬做準備。在村子裡面，這類事故很少發生，灰熊一般不會進來。可是一旦離開村子，風險就增加了。一隻熊可以在幾秒鐘內從靜止狀態加速到每小時五十公里！牠們看起來笨拙、遲鈍，但其實非常敏捷，可以輕鬆爬到樹上，游泳的速度也很快。

已經九月六日，我沒有時間繼續待在諾姆閒逛了。強烈低氣壓即將來臨，我必須離開白令海。白令海位於阿留申群島北部和北極圈南部，被譽為是世界上最危險的海域之一。海底地形會突然陡升，有時因此產生巨浪，導致每年都有漁民在此喪生。即使在風暴中，船員們也會不顧冰冷海水沖擊船隻，繼續不停地捕魚，只要漁獲不理想，他們就會堅持下去。他們為什麼這麼賣命？是帝王蟹！這種螃蟹生活在數百公尺深的海底，可以長到二點五公尺寬，以肉質鮮美而聞名，被公認為是美食中的珍饈。

經過三天半的航行，我終於可以離開這片海域，但必須先穿越阿留申群島，它是一個由火山島組成的群島。我有兩個選擇：選擇主航道，在西部的荷蘭港（Dutch Harbor）停留；或者借道東部較狹窄的假山口（False Pass），這樣可以節省時間。

船上沒有網路，所以我需要朋友艾里克．杜蒙協助導航。他是一位經驗豐富的航海家，曾兩次參加旺代環球帆船賽，並橫渡大西洋約五十次。他透過電話提供我詳細的航路，還有潮汐及洋流的時間。

他告訴我，一個強烈低氣壓正在逼近。很快地，風勢就增強了，我無法收起主帆，滑軌卡住了，我得爬上桅杆去解開它。

最明智的做法是前往荷蘭港避難，等待風暴過去。但我決定嘗試走小通道，雖然導航不建議這樣做。我想結束這段旅程，盡快前進。但此時，自動駕駛仍然故障，船行大概在北緯五十八度左右，可能是離磁極太近了吧。我沒辦法只好連續掌舵好幾小時，防止「伊維內克」偏離航向。我的雙手因為長時間掌舵而破皮，又被低溫凍得麻木。儘管如此，我還是很開心；我看見遠處島嶼的輪廓漸漸顯現，山脈彷彿從天上墜入大海，景色波瀾壯闊。

九月九日，帆船進入假山口，我必須等待理想的潮汐，因為在狹窄的航道中，洋流向來十分強勁。

在藍天下，我再次看到了綠色風景；這些顏色我已經很久沒有見過了。高聳的火山和翠綠的平原交替出現，海洋生物熱烈歡迎我們的到來：鯨魚、海獅、海豹……我還看到了仰泳的海獺，大海充滿了生命力。我感覺到海洋的脈動，我的心跳也隨之起伏。

我向正東航行，在夜幕和伴隨著六十節強風的低氣壓來臨之前，決定在金科夫（King Cove）停留。明天一早再出發，一個不用熬夜的寧靜夜晚可以讓我獲得充分休息。

當我在村子裡閒逛時，有人從車裡叫住我：

「小心，我剛遇到一隻灰熊……」

天色漆黑一片，我必須回到船上！諾姆有人被灰熊吃掉的事我還記憶猶新。這個人應該感覺到我很害怕。

「不過別擔心！當沿著海邊走時，你會看到很多箱籠。如果看到灰熊，你就跑到籠子上，這樣你就安全了。晚安！」

好的，棒極了，謝謝……

或許我應該晚點再賣掉我的步槍！

第二天早上，我揚帆啟航，迫不及待向東前往科迪亞克島（Kodiak），好好休息，真正地放鬆一下。

經過三天平靜的航行，我終於在九月十四日抵達目的地。這裡是阿拉斯加最大的島嶼，也是我重返文明世界的象徵！我們在電影裡看到的美國就是這個樣子，有大皮卡、藍色牛仔褲和伐木工人的格子襯衫。本地經濟主要是依靠捕撈鮭魚、大比目魚和帝王蟹。

我在港口的洗衣店洗了澡，洗了衣服，然後把船從裡到外徹底打掃一遍。我打算在船上裝個露營淋浴設備，利用陽光加熱塑膠儲水袋。未來船上的生活會更加舒適！

第一天晚上，我見了兩個朋友，他們分別駕著「博納瓦萊特號」（Bonavalette）和「拉塔菲亞號」（Ratafia）帆船，我們在同一時間穿越西北航道，還一起共進晚餐，分享過去幾個星期的回憶。在此時，穿越西北航道的辛苦，幾乎已經被我們拋在腦後。

我們在錨地停泊過夜，唯一的鄰居是海獅。牠們非常吵鬧，而且很臭！一整群海獅搬到了我帆船旁邊，在一塊用來堆放原木的大平台上安家。牠們可以長到幾百公斤，似乎一點也不怕人，可能是因為肉太難吃所以不太會被獵殺。當牠們不睡覺的時候，就會整天在巨大的木筏上咆哮——只會叫！叫個不停！唉，人生好難啊！

二〇一六年九月二十三日，在享受了一週的森林風光後，再次啟程的時候到了。CNN正在更北的蘇厄德（Seward）等待採訪莫妮克；一隻母雞的冒險生活正在紅遍全世界！

離開科迪亞克島才幾個小時，我就隱約看到遠處「拉塔菲亞號」的白色船帆不斷拍打，似乎寸步難行。顯然是帆船的引擎故障，此刻風力微弱，湧浪加上強勁洋流讓他們舉步維艱。於是，我們決定將他們拖行到一百六十海里外的蘇厄德。

將對方的繩索繫到「伊維內克號」是一項很危險的任務，我們必須盡可能靠近，同時又要避免碰撞。所以只能緩慢逆流而上，任船身不規則地搖晃。自動駕駛儀仍然不太穩定，經常失靈。我必須時刻注意，確保「伊維內克」不會偏離航向，這種情況已經發生了好幾次。但沒想到就在一瞬間，「伊維內克」一百八十度偏轉直衝「拉塔菲亞號」，我們差一點就釀成大禍。經過二十四小時的折騰，潘潘和畢畢決定換到我的船上來幫忙掌舵。他們兩個就像兩隻淋濕的毛茸大熊，在漆黑的夜晚吃力開著小艇來到我船上。看到這一幕，我不禁笑了出來。

我們的航行持續了兩天兩夜。當我們把帆船停泊在小漁港的碼頭上時，空氣中瀰漫著濃霧，濕氣很重。阿拉斯加幅員遼闊，有很多地方仍有待探索，但我不打算留在這裡。很遺憾，我不能到處停留，必須做出取捨。莫妮克的專訪一結束，我們就再次啟航，駛向我夢寐以求的內灣航道（Passage Intérieur）。

為此，我們必須穿越阿拉斯加灣。海面在風中起伏，遠處隱約可見黑色的山脈。「伊維內克」在水面上滑行，不時有水柱從海面噴出，那是鯨魚在捕獵。聰明的鳥兒們不會錯過這個機會，它們在空中盤旋，希望能分一杯羹。我坐在艙外，目不轉睛看著這場演出。夜晚，我看著船尾激起的浪花中閃爍的浮游生物，並等待著北極光的出現。

儘管表面上看起來風平浪靜，但海風掀起了一波波的湧浪。我必須保持警惕，因為水面上漂浮著許多樹幹，隨時可能撞上我們。

九月三日，我們進入了內灣航道。「伊維內克」在平靜如湖的海上緩慢前進，穿梭於小島之間，沿著壯觀的海灣和峽灣航行。松樹林覆蓋著山坡，倒映在水中。頑皮的老鷹在我們頭頂盤旋，那是一種奇特、近乎神祕的氛圍。水下世界同樣神奇！海豚在帆船四周跳躍，鯨魚噴出的水柱持續攪動著如鏡的海面。

內灣航道以其湍急的水流而聞名，水道特別狹窄。海水隨著潮汐漲落進進出出，彷彿被強大的北太平洋吸入或吐出。船的引擎和風帆都無法與如此強勁的洋流抗衡，只能順應它。當洋流對我們不利時，我們就得停下來。我們在偏僻的小屋對面、荒涼的碼頭附近下錨。碼頭就坐落在雲霧繚繞的巍峨山腳下，這裡為數不多的居民留著令人難忘的鬍鬚，雖然外表粗獷但卻非常友善好客。幾天後，我們在奇恰戈夫島（Chichagof）的一處小村莊胡納（Hoonah）上岸。我一直沒有正式進入美國領土，因為經過的地方都沒有海關人員，但我希望盡快辦理入境手續，以免惹上麻煩。

「伊維內克號」剛停在碼頭，一位留著灰色長髮的女士就走了過來。她雙手合十祈禱，用英語對我說：

「拜託，天黑後不要外出，不要一個人去森林裡散步……」

前一天，一名獵人在海灘上被熊襲擊，他的腿部肌肉被撕下來，當熊正要咬他的頭部時，他的同伴及時開槍射擊。

「你明白我的意思嗎？請小心。」

好的。

第二天，我去村子裡買些東西，因為船上只剩下罐頭，我吃膩了。小超市裡東西不多，而且都是進口食品，價格貴得離譜。我向收銀員打聽，她推薦我去拜訪瑞諾，村裡的一位代表性人物。

我一路上觀察著身邊的景色。胡納大約有七百名居民。

這地方十分質樸，毫無矯飾。一條柏油路穿過村莊，兩旁是色彩繽紛的小木屋，有粉紅色、黃色、綠色。隨處可見圖騰柱和印第安畫作，象徵著美洲原住民文化仍然存在。

瑞諾站在家門口，正打算將他剛備妥的魚送去一位朋友家。他讓我搭上他的車。路上，我們聊了起來，我問了他許多問題。他身上散發出一種迷人氣質，我想那是阿拉斯加在他身上留下的印記。

瑞諾六十多歲，他的臉龐溫潤開朗，我們很快就聊得很投機。我告訴他，在法國的家鄉，我從小就會去釣魚，我非常喜歡釣魚。

「明天吧，我帶你去。」

回家後，瑞諾堅持要把他的四輪摩托車借給我，讓我可以在附近轉轉。這一路都鋪著沙子，兩旁是遮蔽天空的參天大樹。三十分鐘後，小徑變寬，視野開闊起來。我來到了一處海灣，一個棕色身影在海灘上移動……是一隻熊！我拿出相機希望能拍張照片，但牠怯生生地走開了。

我和這位新朋友共度許多時光，他告訴我他的人生故事。他父親是「原住民」，屬於第一民族（Premières nations）；母親則是移民美國的義大利人。瑞諾忘情地談論原住民的文化和信仰。他崇敬祖先、自然和動物，認為動物的出現絕非偶然，牠們的現身是一種徵兆。

我們經常一起去森林，這裡是世界上最潮濕的森林之一。彷彿身處在一個神聖的地方，我們輕聲說話，緩步移動。四周植被十分茂盛，長滿地衣的樹木高聳入雲；藤蔓纏繞在樹枝上，垂到覆蓋著厚厚苔蘚的地面上。森林在深淺不一的綠色中呼吸，如此生機勃發，而我，我說不出話來。

我得知這座島是阿拉斯加熊數量最多的地方。和當地人交談時，我聽到了各式各樣駭人聽聞的故事：一隻狗在村裡被吃掉了；一名男子在家門口遭到襲擊；一個孩子身上縫了兩百針……

雖然與人類共存十分困難，但熊在阿拉斯加仍然受到保護，在胡納村也備受尊敬。如果有人射殺了熊，就必須上法庭說明原因。很多時候，熊之所以發動攻擊，是因為母熊要保護幼崽。

我幾乎每天都會陪瑞諾去釣魚。第一次出海，我們就釣到了一條巨大的大比目魚，有六、七公斤！這裡的海域魚類資源豐富，我們拉上來的籠子和漁網從來不會令人失望。我們經常交換釣魚的心得，分享彼此的方法。

很多時候我們都到黃昏才回家。這片風景我百看不厭：天空的色彩、一望無際的針葉林、鯨魚泅游時泛起漣漪的平靜水面。有天早上，我們遇到一隻在兩座島嶼之間泅泳的母鹿；我不知道鹿也會游泳！可憐的傢伙看起來非常驚慌，幾隻海獅圍著牠打轉，試圖將牠淹死，然後吃掉牠。瑞諾和我用小艇擋住了掠食者的去路，護送母鹿到岸邊。

我欣賞瑞諾的一點是，他雖然是個獵人，但不追求狩獵的戰利品。這裡的每個人都尊重動物，狩獵只是為了溫飽。無論如何，我旅行的目的不是評判，而是向他人學習，並觀察他們的生活方式。我可以理解在這樣的環境下，他們的選擇似乎也很有限。像這一帶，只有一家超市，提供一些基本商品而且價格昂貴。至於其他用品，只能搭飛機或渡輪去最近的城市朱諾（Juneau）購買，但這樣的花費相當昂貴。

今天是十月十六日，胡納下雪了。瑞諾決定帶我去獵山羌。他解釋說他會拿步槍狩獵，而我得拿另一把槍在遭遇熊襲擊時來保護他。在這裡，夥伴之間必須隨時掩護彼此。「熊是非常聰明的動物。當聽到槍聲時，牠們就知道那裡有食物。所以要小心！如果你在熊經常出沒的地區行走，一定要製造噪音：大叫、唱歌，這樣牠們就會逃走。但打獵時例外，因為噪音會把你的獵物嚇跑。」

道路兩旁的土堤遮擋了視線，我真的很不放心，一頭熊可能會在我們毫無防備的情況下突然出現。我們小心翼翼前進，每當樹枝發出輕微聲響，瑞諾就會驚慌地轉過頭來。我的心怦怦跳，感到無助，我不想被迫開槍。

兩個小時後，我們空手而歸，而我，鬆了一口氣。看來我還是更喜歡在海上，與鯨魚和海獺為伴。

24

每天晚上，我都會到瑞諾和他妻子柯萊特家吃飯。我覺得自己找到了一個新的家庭，他們像對待自己兒子一樣歡迎我。為了感謝他們，我帶了自製的可麗餅！我們一起分享他們煎的比目魚，還是一貫煎炸的料理手法。我談到了法國、布列塔尼、我的島嶼，還有晚上在星空下烤龍蝦和鱸魚的往事。

瑞諾不停送我禮物，害我都不敢再說自己喜歡什麼東西了，因為他會立刻把它送給我！

「不是的，瑞諾，我只是問問這是什麼。」

「聽著，你拿去吧，我送給你，這是給你的。」

如果他吃了一道我不認識的菜：

「來，拿去，這是給你的！這樣你就可以嚐嚐味道了。」

每次我去他家都會帶著禮物離開，完全沒有辦法拒絕。

我在這裡感覺很自在。有那麼一刻，我甚至想在胡納過冬。我會建造一間漂亮的小木屋，像在伊維內克一樣去釣魚。我會在水上生活，親近大自然和動物。我會習慣當地風俗，我會很快樂。

多虧瑞諾，我對美洲原住民有了更多的了解，明白他們不得不順應美國文化的壓力。昨天，他向我介紹村裡的藝術家云（Yun）。他的工作室裡散發著木頭香氣，而且到處都是藝術品：圖騰柱、槳、面具、獨木舟。大部分作品都有大塊布蓋著，他們解釋說這是為了讓靈魂安寧。這個人的手藝真是巧奪天工。

云住在一間非常小的木屋裡，屋況破敗不堪，讓人懷疑它怎麼還能屹立不倒。他用一種古老的方言跟我問好，那肯定是幾十年前本地人使用的語言。房子裡到處都是面具。突然間，他戴上一個面具，開始一邊唱著我聽不明白的語言，一邊做著誇張的手勢。

隨後，他用英語向我解釋，美洲原住民的歷史和文化是透過藝術代代相傳。與人們普遍的看法不同，圖騰柱並不是被崇拜的對象，人們雕刻它是為了紀念祖先、緬懷歷史、紀念重要事件，並象徵著所屬的氏族。在胡納，有鷹族和渡鴉族。在這裡，他們的歷史不是寫書中，而是刻在圖騰上。

當傳教士來到阿拉斯加時，原住民被迫放棄他們的信仰，大部分的圖騰柱都遭到摧毀。今天，云所屬的多個原住民協會正在努力保護他們豐富的文化，並將它傳承給自己的孩子。

離開時，我心情很複雜。我很感謝瑞諾帶給我這段難得而深刻的體驗。我在胡納已經待了一個多月了。冬天即將來臨，我不能再待下去了，前面的路還很長。雖然很難過，但我必須離開。離開瑞諾，就像一年前離開烏諾一樣，不知道何時才能再見。

啟航前，瑞諾送來許多食物，讓我可以在接下來的旅程中享用。都是新鮮的食材，需要盡快吃完。他把所有東西都放在保冷箱裡——當然，保冷箱也是他送我的禮物。除此之外，還有美味的鮭魚、鹿肉和蘑菇罐頭。他還送上一根大釣竿，上面有很多魚鉤，還有用作魚餌的鯡魚及一只撈網。

接著，他邀我去他的車庫，那裡保存著他過去生活和親友的物品，比如一位在海上失蹤朋友的船鐘……這是個充滿回憶的車庫。

他遞給我一把精美的槳。

「拿著，這是給你的。」

這把槳是云用一種特殊木材雕刻而成，希望我能永遠保存它。瑞諾還請這位老藝術家在上面繪製了他祖先的故事。

「你看，這就是我家族的歷史。從現在開始，我的祖先會陪伴你、保佑你。只要這把槳在你船上，你就不會有危險。」

我感動得說不出話來。

房間裡頭掛著一張巨大的世界地圖，瑞諾要我在地圖上畫出我從家裡出發到現在走過的路線，這樣一來，他就可以在地圖上追蹤我接下來的旅程，一直到我返回家鄉。

告別的時候到了，他陪我來到船上，我們一起把槳掛在我的臥鋪上方。

「一路平安，吉雷克。」

他緊緊擁抱了我。有時候要忍住不哭真的好難。

二〇一六年十月三十一日，我啟航了，「伊維內克號」在平靜的水面上滑行。當我們離開胡納時，一群鯨魚圍繞著船身，在薄霧中為我們表演了一場精彩的舞蹈演出。遠處，在朦朧的景色中，樹木就像是一張巨大的蜘蛛網。今天是萬聖節，景色如夢似幻，充滿魔力，內灣航道的一切都顯得如此奇異。鯨魚的出現並非偶然，牠們明白莫妮克、「伊維內克」和我要離開了，也許我們永遠都不會再回來了。牠們必須跟我們道別。

25

「伊維內克號」在小島之間穿梭，有時我會瞥見海獺的鬍鬚，有時會看到海獅懶洋洋地躺在浮標上，有時還能見到熊正在捕魚。

我們依舊跟隨著潮汐的漲退，在不同的村莊停靠，像彼得斯堡（Petersburg）、蘭格爾（Wrangell），我可以上岸買些東西，補充淡水……但有天晚上，我厭倦了在航道中由漁民佈下的浮標之間穿梭，臨時決定在一個島嶼的海灣處下錨。灘頭有一艘獨木舟，走近一看，我們發現樹林裡有一間小屋。一名男子向我們走來：他叫艾瑞克，在這裡住了幾年。他六十多歲，但看起來像是只有三十多歲。他邀請我去他家。他過著幾乎自給自足的生活：有自己的菜園，用風力發電機和太陽能板發電，收集雨水，甚至自己製作氣泡水。至於其他東西，他偶爾去城裡一趟就夠了。他還自己種植大麻，我聽說大麻在這裡已經合法化了。他捲上一根大麻菸，大方邀請我一起分享。如果我想嘗試的話，這是一個機會！至少他的大麻是有機種植，而且我知道它的來源。但我拒絕了，我不需要哈草也能感覺快活！我們一起過夜。我告訴他我的航行，他告訴我他自給自足的生活。第二天天亮時，我們一起去釣魚，然後我滿載著蝦再度啟航。

再往遠處航行，我們停靠在梅耶斯查克村（Meyers Chuck）。在碼頭上，我認識了一位八十五歲的漁夫，他剛從醫院回來。原來有次出海時，他掉進海中，他的摩托艇開始在水裡打轉，兩度從他身上輾過，螺旋槳劃開了他的胸膛……

距離本地最近的村莊也要幾個小時的船程，所以這裡的生活是仰賴互助和自力更生。我的新朋友告訴我，村裡只有六位永久居民，這季節遊客也不多，所以他邀請我和其他村民一起吃飯，要我講講我的冒險經歷。

第二天，我們再次啟航，前往加拿大。

離開內灣航道後，我向南航行，沿著阿拉斯加的海岸線往加拿大邊境航行。巨大的樹幹再次撞擊「伊維內克」的船體，聲音短促沉悶。帆船在撞擊下偏離了航向。可憐的「伊維內克」在冰層中已經吃了不少苦頭，我為它感到心疼。白天，我很小心，還可以避開它們，但到了晚上情況就複雜許多。這時，我只能依靠直覺和星光在木頭之間穿行。

儘管如此，我還是覺得快樂和平靜。我看了看地圖上的航線，我們已經繞了半個地球！接下來我們要去哪呢？我不斷思考著各種可能性。我的手指在地球儀上滑移，我感到自由自在，就像風一樣自由。

我看著GPS：「我們抵達加拿大囉，我的莫莫！」

我在島嶼和大陸之間穿行，經過非常狹窄的航道。我必須等待漲潮，否則就會原地不動，被強勁的逆流困住，這時候把引擎開到最大也沒用。有時，儘管水面平靜，漩渦卻會把船拉向海底，阻礙前行。這很危險，如果我掉進海裡，可能永遠也無法回到船上。

前往斯科特角（Cape Scott）途中，我迫不及待想上岸探索這座島嶼。我必須全程保持專注才行，據當地的航海者說，這是出了名的困難航段。

我有兩個選擇：沿著島嶼東岸航行或者是走西岸。像往常一樣，我對這兩條海岸線一無所知，要到最後一刻才做出決定！

「我們走東邊。」我用專家的口吻對莫妮克說。我們的目的地是小鎮哈迪港（Port Hardy）。在那裡，我可以補給物資，並打聽島上必去的景點。根據地圖，可以看到島的東側有許多小島作為屏障，因此需要應付洋流，但我們會在平靜的水域航行，就像在內灣航道一樣。

我小心翼翼航向選定的路線，但潮水已經轉向，帶來一股強勁的逆流。我啟動了引擎，「伊維內克號」吃力地以一節速度前進。左舷有一座白色燈塔，兩個小時過去了，船頭仍然沒有超過它。帆船在原地打轉，我決定掉頭，不想白白浪費柴油。

我們繞過斯科特角，往西邊走。在岬角外海，強風讓船身大幅傾斜，我幾乎無法控制舵柄，「伊維內克」在湧浪和水流的推動下迎風偏轉。在航道盡頭，我看見了一個村莊：溫特港（Winter Harbour）。很幸運，它就在幾海里外，就在航道的盡頭。

經過幾個小時的航行，我們在夜晚到達，疲憊不堪。我把「伊維內克」繫在一座古老的碼頭上。我穿著雨靴，差點滑倒，這裡簡直就是溜冰場！我試圖用手電筒照亮四周，但除了在月光下搖曳的樹影外，什麼也看不清。幾個小時後，天就會亮了，到時候再看看這個地方有什麼。

就跟每次抵達一樣，我必須辦理入境加拿大領土的手續。清晨，我來到位於碼頭盡頭的小屋。

村莊的行政主任在裡面……她正在跑步機上跑步，並沒有停下來，只是告訴我這裡沒有海關人員……對於這點，我一點也不驚訝。但好消息是，我可以打電話辦手續！不過，電話亭壞了，也沒有手機訊號。幸好我還有鉱星電話。幾分鐘後，我們就辦好手續，從來沒有這麼簡單過。

接著，行政主任又回到跑步機上繼續跑，一邊對我說：

「溫特港全年只有四位居民哦！如果你需要補給，可以去馬路盡頭的商店。但不是今天，它明天才會開，而且一週只開一個上午！」

算了，那乾脆去釣魚吧！畢竟還有什麼比新鮮的魚更棒的呢？

我不顧毛毛雨出門探索四周的環境；我需要呼吸新鮮空氣。這裡沒有多少路可以走，地面泥濘不堪，一條架高的棧道讓人們可以在村子裡通行。木屋的百葉窗在風吹下啪啪作響，大多數房子都很破舊，上頭還掛著「求售」的牌子。

植物重新據地為王，牆壁上長滿了苔蘚，樹木穿透了屋頂。

我繼續往裡面走，發現了一些保存完好的建築，可能是供夏季居住的渡假屋。人們從很遠的地方來這裡釣魚，因為這裡的水域魚產豐富。

但到了冬天……這裡顯然沒什麼事可做！

外海颳起了一場風暴，就在航道外。這個季節，太平洋的海浪可能超過十公尺，我寧願走內灣航道，那裡平靜多了。這樣的話，我就必須折返，再次經過斯科特角，回到東海岸。等天氣平靜下來，我就會再次出海。

第二天，我去了小超市，貨架跟村子一樣空蕩蕩，冷凍櫃裡只有幾塊奶油和培根，不是很吸引人。我買了些必需品就返回船上。小港口裡的海面平靜無波，幾十隻海獺悠閒地仰躺在水面上。我提著購物袋來到碼頭，似乎一點也沒有打擾到牠們。

十天後，終於等到好天氣，我可以離開溫特港了。這次我順利通過岬角，比前來時的情況好多了。天氣晴朗，感覺真好。我不太確定自己要去哪裡，也不確定自己想要什麼。太平洋、玻里尼西亞、復活節島、合恩角、南極洲，所有曾經讓我心神嚮往的地方，現在我都冷眼以待。我開始問自己，我在做什麼？我要去挑戰南太平洋嗎？即使知道我的船還沒有為此做好準備？它能撐得住嗎？

如果我現在放棄這一切呢？如果我回法國呢？我可以在布列塔尼開一家餐廳？我可以住在海邊，我可以去釣魚，玩衝浪、槳板……不一定非得環遊世界才能幸福！尤其是不應該開著一艘生鏽、裝備簡陋的小帆船，強迫自己前往荒僻的地方。

我覺得冷，空氣瀰漫著潮濕的氣味，船艙裡都是黴斑……我得找個港口把船拉上岸來維修，可是現在沒有錢，不過和往常一樣，我會找到資金的，到時候再做決定。我現在無法思考，腦袋裡一片迷霧，這可不是個好徵兆。我得讓陽光重新照進來。

26

坎貝爾河（Campbell River），我終於抵達一個真正的城市，這裡有個超大的美式賣場……還有網路！多虧了網路，我才開始有資金進帳來修船。我在臉書上發佈很多照片和影片，有興趣的人可以聯繫我。然後，我和往常一樣開始和他們談價錢。有時，我每週能賣出好幾張照片，按照這個速度，我很快就可以考慮把船拉進維修廠了！

透過照片和影片，我和在巴黎的女友蘿倫遠距合作，創建了「伊維內克協會」（Association Yvinec）。

社群網路讓我和莫妮克的冒險故事廣為人知，我們希望利用這個機會來提高人們，特別是我這一代的年輕人，對地球之美及其隱憂的認識。

到了二月，我終於有足夠的資金來維修「伊維內克」。我把它拉上岸，整天忙著焊接、鑽孔、打磨。工作量很大，因為船體凹凸不平，而且結構脆弱，船頭的錨鏈艙因為不斷撞擊冰層和樹幹而佈滿孔洞，我需要用新的鋼板來加固，我也藉此機會更換了陽極棒。

另一個重大改變是：我徹底換掉鏽蝕的舊門架，新的門架是不鏽鋼材質，更加堅固，我可以在航行時把小艇掛在上面（平時則把小艇放在甲板上），這樣可以騰出更多空間。

我沒日沒夜地趕工。船艙內部所有的黴斑都要刮除，天花板和牆壁需要重新粉刷。在修船場，我認識了兩個朋友，他們幫了我很多忙。一位是魁北克人克勞德，另一位是艾馬紐。克勞德甚至重新在船頭畫上被浪花沖掉的小母雞圖案。

晚上，我就睡在灰塵和髒亂之中。船上沒有接水，沒有辦法洗澡，我實在受不了，決定去旅館住幾晚。我把莫妮克藏在袋子裡，只留一個小開口讓她可以呼吸。我就這樣帶著她進出旅館，神不知鬼不覺。有時，我在前台等鑰匙時，她會開始躁動，想把頭探出袋子。我把她推回去，要她藏好。為了表示不滿，莫妮克會發出「噗、噗、噗……」的聲音，這時我就會不停大聲咳嗽，直到鑰匙到手為止。

為了支付船隻的維修費用，除了賣影片給媒體，蘿倫還在法國為我舉辦了一場攝影展。我買了一張溫哥華到巴黎的來回機票，把莫妮克託付給坎貝爾河的一位友人，然後就出發。帆船越冬的照片非常受歡迎，尤其是「伊維內克號」襯著粉橘色天空，停泊在浮冰上的系列照片，我們還將照片製作成海報和明信片。我賺到了足夠的經費來完成帆船的維修，也可以更加安心地計劃接下來的旅程。

回到坎貝爾河，負責照顧莫妮克的那位朋友告訴我：她的狀況不太好，可能是病了。病了，莫莫？我離開時她還好好的，怎麼會這樣？我很擔心。果然，我看到他家中的莫妮克無精打采，消瘦，羽毛脫落。短短三週，她就瘦得像烈日下的冰山一樣。她不吃東西，整天睡覺，醒著的時候，眼神會流露出我從未見過的哀愁。她似乎很高興見到我，寸步不離地跟著我。我從法國帶了些小禮物給她：穀物、乾蛆和維他命，是種「母雞特調」混合飼料。她漸漸恢復了一些食慾，但這不是我那個精力充沛的莫妮克。

在莫妮克恢復健康之前，我是不會出海的。有人介紹我一個專門治療鳥類，尤其是母雞的獸醫。他是美國人，住的地方離這裡有幾個小時的車程。但為了莫妮克，要我穿越整個美洲大陸都可以。我預約了看診時間。

獸醫檢查了莫妮克，沒有發現任何疾病，沒有病毒也沒有細菌。那她到底怎麼了？

「憂鬱症。」

這是在開玩笑玩笑嗎？

當初做完闌尾手術從法國返回格陵蘭後，我就已經發現她有點無精打采，但她很快就恢復了，我也沒再放在心上。這次，我離開的時間更長，顯然莫妮克決定讓自己憔悴下去。這很麻煩，如果她再也無法忍受和我分離，那以後該怎麼辦？

現在我就在她身邊，我再也不會離開她……她也不會離開我。

27

我在社交媒體上宣佈，一旦帆船準備好，我就會再次啟航。我和莫妮克的想法是前往法屬玻里尼西亞及當地美不勝收的環礁。我們想像自己在馬克薩斯群島、波拉波拉（Bora Bora）、大溪地和茉莉亞（Moorea）的海灘上曬太陽，在碧綠的潟湖中游泳。我接受了一些媒體採訪，主題是「舉辦展覽為旅行募款」，並藉此機會宣佈我們的新計劃：「第一階段是從溫哥華到馬克薩斯群島，然後花四個月的時間探索法屬玻里尼西亞。」

四月初，我收到蘿倫的一封電子郵件，附件是二〇一七年三月二十九日《大溪地快報》中的一篇報導。頭版上斗大的字眼寫著：

吉雷克．蘇德的航行：母雞莫妮克不受歡迎。

然後是：

旅行家吉雷克．蘇德上週宣佈計劃在四月來到fenua[5]。由於法屬玻里尼西亞的動物入境管制措施，以及目前塔拉瓦奧（Taravao）的衛生風險等原因，這隻雞並不受到歡迎。

接著報導說明「攜帶可能傳播疾病的動物入境是違法行為」。他們擔心莫妮克會攜帶禽流感，我可能會因此面臨六個月的監禁和高達三百五十七萬太平洋法郎（約三萬歐元）的罰款；至於莫妮克，她可能會沒命。

好吧，我們不去樂園了。別擔心，莫莫，我保證，我再也不會丟下你一個人去任何地方了。

但現在該去哪裡呢？

太平洋中可供停靠的地點並不多……

但無論如何，我得先把船修好再考慮這個問題，因為沒有「伊維內克」，不管有沒有莫莫，我哪兒也去不了。

我又開始拚命工作。天氣也變熱了。五月初，我租了一個位於花園深處、帶淋浴間

5 玻里尼西亞語，意為「島嶼」、「土地」，這裡是指法屬玻里尼西亞。

的民宿房間，住了十幾天。這樣我就可以睡個好覺，白天工作也更有效率。

入夏之後，我的努力獲得回報。「伊維內克號」從來沒有這麼氣派過！船上有全新的瓦斯爐，一個我自己動手做的淋浴間，以及一個能用的廁所。真是太奢華了！牆壁全部翻新，並重新粉刷了一遍。我還裝上額外的層架、一個水槽和一個漂亮的流理台。每個地方都用淺色木材重新裝修，溫馨舒適，是個不折不扣的繭居小巢。我甚至還找了一位老太太幫我縫製米色的舷窗窗簾！我更換了船上的電池；花了我一大筆錢。在航行方面，我修好了電動絞盤——我再也不用費勁用手拉起錨鏈了——還換了新的繩索、兩個新錨、一架新的VHF、新的太陽能板和一個新的風力發電機桅杆。

停泊在坎貝爾河碼頭的「伊維內克號」煥然一新，隨時準備啟航。我又一次在船上找到了自在的感覺，對航行的渴望也慢慢加溫。現在是夏天，太平洋的風和外海的空氣撩撥著我，我感受到南方海洋的呼喚。

在啟程前往加州之前，這是我即將獨自航行數個月、前往南極洲的最後一站，我決定好好探索這座即將告別的島嶼。我渴望深入森林，尋找熊、狼，甚至是美洲獅的蹤跡，但我還是會保持距離，因為牠們雖然美麗卻也非常危險！而且這裡有句俗語：「看見美洲獅時，一切都已經太遲了。」

我用新的視野看待那些曾在去年冬季讓我感到憂鬱的陰森村莊。長滿青苔的碼頭、空蕩蕩的街道、霧氣中的廢棄住宅，如今都已經被夏日的生命力取而代之。房屋敞開著門窗，船隻停泊在乾淨的碼頭邊，空氣裡瀰漫著渡假的氣息。我趴在岩石後面，準備用單眼捕捉熊或狼的身影。黑熊無處不在，甚至在柏油路上也能見到牠們。

我認識了達米安，一個為了冒險而放棄一切的法國人。他常年住在海灘附近的小屋裡。我們決定一起進行為期三天的徒步旅行，完全沉浸在大自然中。我們划著橡皮艇前進。晚上，我們在海灘上搭起帳篷，點燃篝火。

在森林裡，很遺憾我們沒有看到狼，但看到了很多熊。我信任達米安，他說熊並沒有攻擊性，如果牠們靠得太近，只要拍手牠們就會走開。至於美洲獅，由於十分罕見，本地人似乎不認為牠們構成真正的危險。

在這次航程中，我必須時刻留意莫妮克。這不僅僅是因為熊，更是因為老鷹。只要莫莫出現在海灘上，老鷹就會展開巨大的翅膀，在她上方盤旋——還有海獅、海豹、狐狸，牠們隨時準備撲向她……自從我們到加拿大以來，可憐的莫妮克玩得並不開心，這裡有太多掠食者。當我無法抱著她時，她只能整天待在室內確保安全。

在第三次經過斯科特角之前，我在溫哥華北部的希望島（Hope Island）停留。我跳上岸，踏上這座僅有六十多位居民的小島，走入開滿鮮花的小徑。幾公尺後，我看到一個看板：「歡迎來到特拉特拉斯克拉族（Tlatlasikwala Nation）的家園。」嗯，歡迎？這話說得太早了！就在下面，一個不太友善的大看板寫著：「**勿進！僅限獲得許可的人員通過此處。**」

接著，我仔細閱讀下面的說明：

「希望島是特拉特拉斯克拉族人的家園。海岸警衛隊從一九二〇年到一九八八年駐點於此。一九八九年，聯邦政府將土地歸還給特拉特拉斯克拉族人。您看到的建築物是私人住宅，未獲邀請，請勿進入，謝謝。」

我理解他們在保護自己的家園，但說實話，這地方也不太可能被遊客擠爆。

我無視警語，繼續一探究竟。這時，一隻鳥直衝我而來。「嘿，幹嘛！」我揮舞雙手試圖趕走牠，我笑了，然後繼續往前走。這隻鳥似乎不同意，牠再次向我衝過來。牠其實是在攻擊我！我試圖一邊保護臉部一邊將牠趕走，但牠不肯罷休。這隻鳥看起來有點像隻小雞，有大大的腳和鳥冠。每當我邁出一步，牠就衝向我，在我頭頂上盤旋，顯然是為了擋住我的去路。這傢伙真是頑強！我開始思考，牠幾乎讓我感到害怕，我應該堅持下去嗎？我想起了瑞諾，以及他想要教我的印第安文化常識。他深信動物是徵兆，牠們的出現絕非偶然。突然間，我確信這隻鳥是在告訴我不要再往前走，這裡不是我的家，也沒有人邀請我。更糟的是，我是屠殺特拉特拉斯克拉人民的白人後裔。於是我放棄了。雖然不太願意承認，但我確實被嚇到了，隨即轉身往回走。

再往前走，我遇到了一些比較友善的人。他們是一些背棄消費社會的城市居民，放棄了城市的便利，選擇在偏遠的地方落腳，無論是在海灘上還是在森林邊緣，無論是暫時還是永遠。

我沿著溫哥華島西海岸的碼頭和浮橋一路南下。經過溫特港後，我越過了庫克角（Cape Cook），這是加拿大領土的最西端；然後我在努特卡島（Nootka）的奎闊特（Kyuquot）和溫泉灣（Hot Springs Cove）停留。從一個村莊到另一個村莊，船行都很順利。我釣魚、游泳、散步、拍照，簡直就是身在天堂裡。

八月三日，我抵達托菲諾（Tofino），一個悠閒的衝浪勝地，當地有些小餐館供應蔬菜和水果，而不是清一色的漢堡，感覺很不錯。

這個地方聚集了許多來自澳洲和紐西蘭的年輕衝浪手，他們身材高大、皮膚黝黑，留著一頭長金髮，身著衝浪服裝。從早到晚，每個人都穿著泳衣，抱著衝浪板到處走。托菲諾有點像是衝浪人士的伍德塔克音樂節（Woodstock），我把握這個機會活動一下筋骨。

我已經很久沒有衝浪了。

渡假的問題在於人會習慣這種生活。八月三十一日，為了離開托菲諾，我不得不強迫自己，不然我可能會在當地待上好一段時間。

順風航行了六天後，我抵達加州海岸附近。ＡＩＳ顯示附近有多艘以二十節速度航行的貨船。它們的航線讓我感到擔憂，擔心它們可能沒有看到我，我透過ＶＨＦ無線電呼叫，告知他們我的位置，以避免任何碰撞風險。貨船令航海者感到擔心並非毫無根據，一旦發生碰撞，這些貨船甚至可能不會有所感覺。一夜未眠後，我在清晨看見一個黑色物體漂浮在帆船的航線上，我好奇靠近，驚喜發現那是一頭鯨魚，牠似乎在水面上打盹。再往前一點，我看見海面上出現魚鰭，我簡直不敢相信，這是我第一次見到鯊魚群！在我靠近的過程中，牠們在水面上盤旋，然後消失在帆船的尾流中。當我還在回味這些景象時，迷霧中突然出現金門大橋的身影。

28

我和「伊維內克號」一起穿過金門大橋，所有的船帆都揚起了。莫妮克和我對穿越這座鋼鐵巨獸感到既興奮又驕傲，身邊有大型貨輪、幾艘遊艇和衝浪風箏護送著。大家都說舊金山是個很棒的城市，但我不是一個真正的都市人，不知道該如何欣賞這座大城市的魅力，儘管它高低起伏的地理位置確實獨特，碼頭上的生活也很有特色，可以看到漁人和海獅共存。我不想在舊金山停留太久，這裡的生活開銷很高，在港口停泊一晚要一百美元，我可付不起這個價錢，我的船又不是四星級郵輪！我選擇到海灣另一邊的索薩利托（Sausalito）下錨。

辦理入境手續真是件麻煩事。海關從未上船檢查，我必須主動聯絡他們，過程可以說是一波三折。我從一個城區被打發到另一個城區，卻總是徒勞無功，讓我不得不搭乘地鐵，最後淪落到令人不安的偏荒之地。我終於找到了辦公室，出示了所有必要的文件。在申報船上是否有動物時，我又開始憂心了，誰都知道美國人很嚴肅看待這些事，不能對他們說謊。另一方面，我又擔心如果說實話，後果會不堪設想。所以為了我心愛的紅羽美女，我決定對此三緘其口，但願他們不會上船檢查。就在這時候，正打著電腦的那位海關人員驚呼：「太不可思議了，我正在看你的網站，這些照片太棒了！」我臉色蒼白，只想保持低調，不願談論這次冒險。如果他在看我的網站，顯然也看到了莫妮克的照片，我靜靜地等著他變臉。但這個美國人卻興奮地叫他的同事過來，要他們欣賞螢幕上的照片，每個人都笑著說「amazing」（太讚了），結果我還以為自己會進監獄呢！又遇到了一群新的「雞」粉！我迫不及待想見到莫莫，告訴她這個不可思議的經歷。

下次啟航之前，我必須把「伊維內克號」拉出水面檢查船體，確保船身的防水性。我即將前往地球上最偏遠的地區，中途停靠的機會不多，必須做好萬全準備。我完成了許多電氣方面的改進，包括艙內和艙外，於是帆船終於有了真正的外部照明設備，我不用再戴頭燈了！我投資了媲美旺代環球帆船賽的網路連線裝置，配有兩個天線，一個FleetBroadband s250寬頻通訊終端，以便在航行時享有真正的網路連線。而新買的Irridium Go衛星通訊裝置，還可以協助即時追蹤和獲得天氣資訊。有了這些設備，即使我在太平洋中迷航，人們也能夠即時追蹤我的位置！我同時也安裝了全新的自動駕駛儀和自調航向儀，添購新的雷達，用於在接近南極洲時探測冰山，並且更換了前帆捲筒。在離開舊金山之前，我預留了幾天時間，開著一輛當地典型的露營車，體驗美式公路旅行的樂趣：優勝美地、洛杉磯、聖塔莫尼卡、馬里布，我沿著一號公路一路前行。

第五部

航向
南冰洋

29

十一月三十日早上，我們再次穿過金門大橋，準備駛向浩瀚的大海，目標是南太平洋！我們將告別文明世界很長一段時間！前往烏蘇懷亞（Ushuaïa）和南美洲，需要航行七千海里，相當於從維德角穿越大西洋到安地列斯群島三趟。如果一切順利，我們將在海上度過兩個月，除非被迫停靠。這將是我有史以來最長的一次航行，我感到既興奮又緊張。

一出海灣，我就升起了風帆。目前為止，我們的進展還不錯，在十五節的風速下以五到六節的速度航行。起初，我並沒有遠離海岸，但是由於漁船眾多，我必須時刻待在甲板上保持警惕，這實在令人疲於應付，於是我們迅速駛向外海。

我有點暈船，這還是第一次。幾個月來，我一直在沿海航行或待在陸地上，必須重新適應遠洋航行。海浪讓我的胃翻江倒海，還好我有一個很棒的船伴。在「伊維內克號」上生活了這麼久，莫妮克已經成了一位老練的船員。無論海浪如何洶湧，牠都能適應船的晃動，把重心從一隻腳換到另一隻腳。才幾個小時，她就重拾了經驗豐富的航海者角色，並展示她的花式滑冰技巧。她迎風展翅，注視著飛魚的動靜。

然而現在連最簡單的操作，對我來說都需要很長的時間。我就像個新手，在降下球帆時，不小心讓它掉進海中，造成帆面破損。我得振作起來，因為接下來的挑戰不容許任何失誤。隨著緯度越來越高，我們即將面對咆哮四十度、狂暴五十度，以及傳說中的合恩角。

我躺在床上，無法入睡，心情有些低落，莫名地感到難過。我即將踏上一段漫長的旅程，也許這很正常。也許是因為我不能帶著我的母雞在玻里尼西亞停留？我會經過那附近，這真的很令人難過，更何況那是前往南極的理想中停地點。

我腦海中充滿了疑問，但想到要連接兩個極點，完成一次環繞地球的壯舉，最終回到我的故鄉伊維內克島，我就興奮不已。如果一切順利，沒有遇到太多問題，沒有在咆哮四十度和狂暴五十度遭遇太多挫折，如果能毫髮無損地通過合恩角，我將在七、八個月後回到家裡。當然，借道巴拿馬運河會更容易一些，但我太喜歡冒險了，那條路線就留到我老了再說吧。

我也夢想著在南極洲停留，去和企鵝們打個招呼，但那裡的冰山非常危險，而且我會比在格陵蘭島時更加孤立無援，最好不要遇到什麼大麻煩。

我坐在甲板上，望著大海、天空、月亮和星星，感受著風和海鹽在皮膚上拂過。我想起了我父親。我想知道他在哪裡，他是否真的身處在某個地方，是否找到了他堅信的東西。這無疑讓我更加難過，因為我知道在旅程結束時，他不會出現在我童年的海域，用他的菸斗和笑聲迎接我。

我試著看點書，但就是看不下去。

墨西哥外海讓我感受到了熱帶氣候，已經有兩年多沒在皮膚上體驗到溫暖的陽光了。我把握住好天氣完成了在舊金山開始的維修工作；在進入極具挑戰的緯度之前，我還留了一些細部工作沒有完成。

隨著向南航行，我腦海中不斷浮現咆哮四十度的景象，心裡既興奮又焦慮。我的思緒紛亂。我告訴自己，能在這年紀經歷這樣的冒險真是太幸運了，但另一個聲音卻告訴我這實在太瘋狂，是在冒不必要的風險。那一本比一本嚇唬人的遊記讓我感到害怕，那些關於水手們在南太平洋經歷地獄般磨難的故事，關於船隻翻覆、在猛浪中失蹤的故事……真的很嚇人。我試圖說服自己，我和我的船合作無間，我相信自己能夠應對任何情況，而且我的床頭上還掛著瑞諾的槳，旁邊是我父親的照片。他在守護著我，我感覺自己受到庇佑。

接近赤道時，強對流接連而來，我老遠就能看到它們。當低矮的黑雲出現在地平線上，我就會收緊船帆，做好準備。我也會把握機會從頭到腳打上肥皂，然後等待雨水降臨把身體沖洗乾淨。莫妮克總是一副感謝我洗香香的樣子，彷彿在說：「總算洗乾淨了！」

沒多久，船艙裡就變得悶熱難耐。我們逆風航行，海浪洶湧，我無法打開舷窗。「伊維內克」成了三溫暖，我的汗水大滴大滴落下，我真想念格陵蘭島！多麼希望有一座大冰山和一些小冰山來讓我涼快一下！莫妮克也在尋找新鮮空氣，持續張著嘴並展開翅膀，不過這並沒有阻止她下蛋！

航行變得越來越困難，洋流和風力變化很大。在兩股陣風之間，風平浪靜，帆船無法前進，只能等待下一陣風來推動我們前進。有天，書架上所有的書都掉在我頭上；有天，我的晚餐則在桌上跳起了華爾滋。側風穩定地吹著，風速達到二十節，我將前帆捲起，收攏主帆上的一束縮帆索。我們僅能以五節的速度前進，彷彿船底下有個偷渡者，也許是一頭把「伊維內克號」當成海上計程車的鯨魚。不管牠是否也夢想著低緯度的南方，我們都得耐心等待。

船行兩個星期後，我們抵達太平洋中著名的熱帶低壓帶，這片熱帶氣團匯聚的區域每每讓水手吃足苦頭。對我來說，除了天氣狀況將我向西推，讓我無法向南航行之外，熱帶低壓帶還預告著一連串的倒楣事。事實上，各種故障問題接踵而至：桅杆頂部的風速計和導航燈壞了；全新的水箱破了，所有的淡水都流進船艙底部；前帆在帆邊繩的地方撕裂；更糟糕的是，連接吊桿和桅杆的重要部件——鵝頸桿，突然斷裂。在這麼短的時間內發生這麼多事情，距離舊金山的維修才剛過去兩週而已，我感到很沮喪，必須迅速找到解決辦法才行。我不知道從哪裡開始，需要冷靜下來。我決定先休息一下，幾個小時的睡眠肯定有助於處理這些問題。

睡醒後，我開始安排計劃，最緊急的是鵝頸桿。我把電焊機連接到發電機上，先在駕駛艙裡做個試驗，看看是否行得通，因為發電機的功率可能不夠——結果，試驗成功！不過我得在桅杆腳下進行焊接，但我們可不是在平靜的湖上。

一接通所有的電源，我便戴上口罩和手套，開始著手焊接的工作。我幾乎花了一整天的時間，但進展並不順利，而且環境也變得越來越危險。海浪不斷濺到我身上，火花四射，我被電了好幾次。最後，我仍舊勉強完成，心裡還頗得意。我把吊桿裝回了原位，但沒過多久焊接處就斷裂了。我憤怒大喊，情緒激動。只能重新再焊一遍，但這次更加仔細。我打磨、焊接、重複整個流程……沒想到，防滑墊突然著火。我急得在甲板上跺腳滅火，忽然感到腳上一陣刺痛，原來是火花掉進鞋子裡弄傷了我。我拔掉所有電源，在這種情況下繼續蠻幹太愚蠢了，搞不好最後我會發現自己和莫妮克一起坐在救生艇上，眼睜睜看著帆船在太平洋中央燃燒。

我停下手邊的工作，用繩索加固斷裂的地方——但它能撐多久呢？

帆船不能在這種狀態下進入咆哮四十度，我必須在某個地方停下來……但是要停在哪裡呢？我們面對哥斯大黎加，但距離海岸還有四千多公里！而且即使我決定前往，風向也不利於航行。順著風向往西航行兩週，我們可以抵達玻里尼西亞，這可能是最明智的選擇，但他們並不歡迎我們。莫妮克憂傷且疑惑地看著我，她不明白……其實我也不明白，我的母雞明明很健康。

今天是聖誕節，還有什麼比跨越赤道更好的禮物呢！這對「伊維內克號」、莫妮克和我來說都是第一次。我感到一種久違的興奮心情，莫妮克似乎沒有意識到我們正在實現我的童年夢想，那張我曾用手指指點的世界地圖幾乎變成了我們的遊樂場，而現在我們剛剛跨越了將地球一分為二的那條線；帆船正在南半球的海浪上航行！在這個節日裡，我想起了我的家人。往年，我父親都會把他的八個孩子找來一起過聖誕節。自從我離開後，家裡又添了新的成員，有些外甥和外甥女我都還不認識。我得說我的姐妹們真是多產的母雞，莫尼克棋逢對手。

我迫不及待想把她介紹給我的家人，讓她認識我的樂園——伊維內克島，我的故鄉。想到這裡，我頓時充滿動力，然而我的家鄉卻從未像現在離我如此遙遠。

一隻鳥飛來停在船上。牠不是海鳥，是從哪裡來的呢？周圍連一艘船都沒有，最近的陸地也要航行好幾天才能到達。為了這位意外造訪的嬌客，我在甲板上放了一些飼料。有訪客前來感覺真好，我試圖靠近牠，但沒有成功。牠很膽小，飛起來然後棲息在稍遠的地方。在莫特西耶的一本書中，他曾提到在海上遇到的那些不知從何而來的小鳥，他說那是迷路的鳥。我看著這隻小鳥在船上飛來飛去，牠有點像我，離家這麼遠，親人又不在身邊。第二天，牠消失了。

二〇一八年一月一日

充滿冒險和悲歡交織的一年結束了，新的一年即將開始！

我們正緩慢航向玻里尼西亞。我很想打開引擎，趁機休息一下，也能加快船行速度，但是從舊金山出發時，我太興奮而忘了加油，所以只能用它來給電池充電。剩下的油，我要留到萬不得已的時候再使用。

我們仍然被迫向正西方航行，以便讓帆面吃風。風力很小，速度只有六節，但總比沒有好。

昨晚，我被海鳥的叫聲吵醒——這次是真正的海鳥，代表我們正在接近陸地。在海上航行了一個月之後，這讓人感到寬慰。

我起床一看，是一群白尾熱帶鳥。這些美麗的白色鳥兒有著紅色嘴喙，法語名字源自於牠們長而細的尾巴羽翎，就像麥稈一樣。我叫醒莫妮克，一定要讓她看看。我向牠們揮手，大聲呼喊回應牠們的叫聲。每一次遇到新的生物，我都感到興奮不已。

莫妮克現在兩三天才能下一顆蛋。這很正常，她已經老了。

我迫不及待想繞過合恩角，去南極洲看看，然後再沿著大西洋北上，回到布列塔尼——我的小島，我每天都在想念它。從前當全家人睡著的時候，我經常會在半夜悄悄起床，穿上短褲和雨衣，帶著釣具溜進鹹鹹的夜色中，和潮汐培養感情。

風仍然把我們往西吹，帆船實際上是朝著印尼和澳洲的方向航行。是時候該往東走了。但在此之前，我必須找到最近的陸地，我需要一個避風的地方來修船，這是當務之急。我在海圖上找到了一個荒無人煙的小島，它可以幫我擋住海浪。

還有六百五十海里，我們繞行的距離相當長，但這是為了安全著想。無論如何，在海上總會有意想不到的事情發生。**當問題出現時，冒險才真正開始。這已經成為了我的座右銘：沒出問題，就沒有冒險！**

風遲遲不來，海水溫度達到了攝氏二十八度。我索性收起船帆，在四千公尺深的海底優游。為了安全起見，我總會在船尾繫上一條大約二十公尺長的繩子，以防我溺水。這對在外海游泳也很有用，尤其是在沒有登船梯的情況下。即使平靜的海面也有風險，必須隨時能夠迅速回到船上。每個水手都害怕當自己在海裡時，眼睜睜看著船獨自漂離。這讓我想起了一個可怕的故事：有人發現一艘空蕩蕩的帆船，船體上佈滿了指甲抓痕，原來是船員們去游泳時忘了放下梯子，而船舷又太高了……真恐怖！

一月三日是我的生日，為了慶祝這個特殊的日子，莫妮克為我準備了她最棒的禮物：一顆漂亮的雞蛋。我把蛋放在可麗餅上，插上一根蠟燭，氣氛很到位，正好適合迎接這個「變老」的時刻。第二天，北風颳起，我們以平均七節的速度航行；這是我們從舊金山出發以來最快的速度。海浪洶湧，「伊維內克號」時不時在浪尖上衝浪，速度達到九節。我找回了過去幾週一直欠缺的航行快感。我雙手緊握船舵，以剪帆航行。我一定得在天黑前到達，因為手邊沒有這個地區的詳細海圖，而且我知道太平洋島嶼都有珊瑚礁環繞，我可不想擱淺。黃昏時分，我終於看到了那座神祕島嶼。我爬上桅杆，用探照燈尋找航道，並且減慢了速度，還聽到船底碰到東西的聲音。我迅速抬起船底板，不敢再往前走，索性就在原地下錨過夜。

第二天早上，我驚喜發現一處被碧綠海水環繞的天堂島，這是在海上航行四十天後的美夢成真。在接下來的三天裡，莫妮克和我在這個避風的錨地展開真正的維修工程。為了讓「伊維內克」成為征戰南極洲的戰艦，我不敢有任何疏忽。我修理了導航燈，拆卸、潤滑並重新安裝了絞盤，修好了水箱，收集了足夠的雨水，確保在到達合恩角之前有充足的淡水。最重要的是，我著手處理最棘手的任務——鵝頸桿。我努力進行焊接，看起來應該能撐住。我潛進海中清理附著在船體上的貝殼和汙垢，還趁機在珊瑚礁鯊魚的環伺中釣了幾條魚。這裡的生活非常愜意，我覺得很幸運。沒能探索玻里尼西亞所有的島嶼真的很遺憾，它們一定一個比一個美麗，但也許這並不是件壞事，因為到時候我可能會捨不得離開。

在充分休息並且享受溫暖之後，我們再次揚帆啟航，百感交集地看著這片陸地在「伊維內克號」的尾流中漸行漸遠。我打開了瑞諾送我的一個罐頭，享受著小確幸，味道真是太棒了。每次品嚐他的禮物，我都會在心裡感謝他。

後來，我有了新的消遣：抓蒼蠅！我不知道牠們從哪冒出來的，但船上簡直被蒼蠅大軍入侵，有好幾百隻！莫妮克樂壞了，但我受夠了。蒼蠅在船上的每個角落產卵，簡直是地獄。風遲遲不來，遠處的南方風暴接連不斷，我幾乎等不及這場大風暴的來襲，等待它把我們推向合恩角。等待的同時，我拿出我的科學儀器，趁機運用我的專業撈網捕捉浮游生物，船上有容器和顯微鏡可以觀察它們。事實上，莫妮克和我與浮游生物星球（Plankton Planet）及史丹福大學合作，參與他們號召科學家和遊艇愛好者的一個研究項目，盡可能收集浮游生物數據。浮游生物是海洋生態系統存續的關鍵，甚至可以說對人類的生存也至關重要，因為它是海洋食物鏈的基礎。浮游生物產生全世界百分之五十的氧氣，然而今天在某些地方，塑膠的數量是浮游生物的六倍，而魚類無法分辨這些塑膠微粒，想到這一點就令人感到害怕。大自然對我們如此珍貴，如此重要，我們享受它提供的風景和資源，卻用我們無法控制的消費方式慢慢地加以扼殺。

日子一天天過去，每天都過得差不多。今天我試著給自己改頭換面，結果卻搞砸了——電動剃刀打滑，現在我頂著一個大光頭。

離開舊金山已經快兩個月了，隨著我們繼續向南航行，氣溫逐漸下降，我們現在位於南緯三十六度。我洗了個澡，這可能是未來很長一段時間內的最後一次。我為莫妮克準備她在船艙內的過冬住處。風遲遲沒有吹起，但我可以感覺嚴峻的考驗即將開始。巨大的湧浪伴隨著我們，可能是來自南冰洋風暴的殘餘勢力。這裡的低氣壓會產生驚人的湧浪，由於沒有任何阻礙，它們能維持強大的威力傳播很遠的距離，這是令人生畏的緯度地區獨有的現象。一種奇特的感覺湧上心頭，我們是不是正在悄悄地走進虎口？

一月底，我們進入咆哮四十度，迎接我們的是一場低氣壓。一開始就是四十五節的穩定風速和高達十公尺的湧浪，我簡直不敢相信，這是一場真正的考驗，預示著危險已然降臨。根據氣象資料，這只是小規模的低氣壓，但卻已經極為猛烈，難以想像我們未來會面臨何種巨大風暴。我一邊試圖擺脫困境，一邊已經開始感到擔憂。我只仰賴三角帆航行，「伊維內克號」飛速前進，速度高達十四節，並多次在巨浪的威力下傾斜。我一秒鐘也不敢放開船舵，反正自動駕駛儀在這種情況下也無法運作。我的腎上腺素飆升，但我沒有放棄，卯足全力應對湧浪。最終我們毫髮無損地脫險，我已經筋疲力盡了。船艙內，書本散落一地，莫莫平安地待在小屋裡，雞冠上都是木屑。

我盡量在船上赤腳行走，這是我在心理上抵禦寒冷的一種方法。所以晚上我會光著腳，在光溜溜的頭上戴著一頂毛帽。

白天，莫妮克通常會在甲板上，但她變得有點太愛橫衝直撞，尤其是開始下起烏賊雨的時候——當海浪拍打船體，烏賊就會被沖到甲板上，莫妮克隨即撲上前去，可是我不得不把她關進小屋裡，避免她掉進海中。

我回顧自己首次面對低氣壓的過程，認為自己處理得還不錯。在這片大海中遭遇的事情，有可能很快就會變成災難。雖然有通訊工具，但如果出現問題，不會有人前來馳援。我們離尼莫點（Le point Nemo）不遠，那是地球上最遙遠的地方，也是地球上最孤立的地方。這讓人感到有點害怕，一種強烈的孤獨感湧上心頭，我試圖擺脫這種情緒。

想要盡快離開這個地獄般的海域，我得運用正確的航行策略，但這並不容易。我需要足夠的帆面才能迅速前進，但又不能太多以免損壞船隻。就像莫特西耶說的，必須善待自己的坐騎。

雖然感到焦慮，但我的心情還不錯。船上的生活一切順利。莫妮克在船裡從一頭滑到另一頭，而且大部分時間都待在小屋裡，牠似乎並不介意這種宛如搭乘雲霄飛車的生活。我最近餵她雙倍的飼料，幫她做好適應低溫的準備。菜單上有牡蠣殼提供鈣質，乾燥昆蟲提供蛋白質，還有更多的穀糧。至於我自己，為了節省用水，我都吃些不需要太多水烹煮的食物，例如中式麵條比義大利麵需要更少的水，所以我一包接著一包地吃。至於美國罐頭，味道不太好，跟法國罐頭完全沒法比，但幸好還有慕斯林（Mousseline）馬鈴薯泥。我甚至想出一些別出心裁的菜式，像是楓糖焗豆配馬鈴薯泥，這道媲美大廚水準的菜餚。

風終於完全停止，一片寂靜，但海浪依然洶湧起伏。晚上，船帆拍打，發出令人難以忍受的噪音，我真想睡個好覺，以良好的身體狀態應對接下來的挑戰。我們太偏西走，但如果向東航行，就會變成完全順風，需要用支桿撐起前帆，而在這種海浪下操作難度實在太高。我放棄使用支桿的想法。算了，我決定採用之字形前進，慢慢靠近海岸和距離我們目前位置還有兩千海里的合恩角。無論如何，我別無選擇，必須想辦法努力前進。今晚，我看見了一幅令人驚嘆的景象：月亮在船頭上方顯得巨大無比，照亮了整個海面，它周圍環繞著一圈彩虹，一輪彩色的光暈。我從未見過這般景象，呆立了好一會兒。

稍有喘息的時候，我會繼續閱讀莫特西耶的《帆過合恩角》。他是從大溪地啟航。從咆哮四十度開始，他花了十一天才抵達合恩角。我試著按照他的路線航行。莫特西耶的書裡有一張詳細的海圖，追隨這位偉大航海家的足跡讓我很開心。他們那時候沒有GPS，什麼都沒有，只能靠六分儀導航。沒有任何天氣預報，他們也不知道即將面對的情況……這需要相當大的勇氣。

我曾在沒有天氣預報的情況下穿越大西洋，但起點是加勒比海，而且我的朋友尤安每兩三天就會發簡訊給我，告訴我天氣情況，一直到阿拉斯加。現在，我在船上就能上網，這真是劃時代的變革，即使預報只有三天的準確度。

雖然擁有現代化的工具，但我還是遇到了各式各樣的麻煩。昨晚，我一直無法入睡，這在最近這段日子裡相當罕見。風力漸漸增強了，我需要縮帆並收起主帆上的第三條縮帆索，目前我只展開一小塊前帆。可是正當我穿好衣服準備走出船艙時——砰！我被彈了出去！前帆突然間完全展開，我可以想像它已經被撕成碎片，想著我之前刻意藏在捲帆下的那道裂縫。我立刻跳到船頭，海浪拍打甲板，捲帆器的末端斷裂，我必須在捲軸上重新繞上另一根繩子。當我準備拉鬆前帆的帆腳索時，前帆竟開始瘋狂拍動，支索劇烈搖晃，整套索具都開始顫動。我擔心桅杆斷裂，那將會是一場災難。我盡可能順風轉舵，但這還不夠，風力實在太強，我只好用手捲起所有的船帆。我累慘了，感覺像是過了一個世紀。這場景讓我想起在格陵蘭島的冰暴中，我被迫一次又一次拉起八十公尺長的錨鏈。我很害怕，但最終還是成功收起帆面。我迅速在主帆上收起第三條縮帆索。然後，我一直在發抖，好一會兒才平靜下來。

今天，我遇到了第一艘船！遠處有一艘大油輪，看到它我非常高興，因為我知道在這些惡劣的海域裡我並不孤單。

二月十二日，距離合恩角還有一千零五十海里，我們每天前進大約一百三十海里，平均速度為五點五節，對「伊維內克號」來說已經很不錯了。我進入了狂暴五十度，景色變得出奇純淨，完全與世隔絕，但來自西方的一個強大低氣壓正朝我們直撲而來。船上的網路連線出了問題，無法下載正確的天氣資料，但我必須了解更多資訊才能預做準備並採取行動。有兩個解決方案：第一是在原地等待，但我不喜歡這個主意；第二是改變朝南的航向，改為向東南偏東的方向航行，這可以讓帆船更靠近海岸，我選擇了這個方案。

風勢逐漸開始增強，風暴很快就會追上我們。我正準備降下主帆，突然間，一面巨大的湧浪迎面襲來，「伊維內克」傾斜，桅杆浸入水中。我緊握舵把，身體依靠在安全繩上，此時浪高逼近十三公尺。我必須設法到桅杆底下，但主帆卡住無法降下，我別無選擇，只能爬上去把它拉下來……我用盡全力攀爬上去，死命拉扯，然後一躍而下，心裡很害怕被甩出去或是自動儀不受控制。沒多久，帆船就迎著暴風雨前進，陣風風速達到六十節。我用盡全力握緊船舵，盡量避免在每次衝浪時船頭抬起，因為在大浪中這種情況下最容易發生沉船事故。每當我們處於波谷時，風力減弱，船身會突然擺正，然後被接下來的浪橫掃而朝另一邊傾斜。我的手凍僵了，身上最外層是乾式潛水衣，裡面是美麗諾羊毛衣，我真的快撐不住了！船帆全都收起來了，此時就連帆罩似乎都嫌多餘了。

經過漫長的幾個小時，風勢終於開始減弱，我已經累癱了。「伊維內克」讓我非常佩服，每一次它都能像戰士一樣重新站起來，太不可思議了，它比我想像的更能適應海相。我感謝我的幸運星，並向我的父親眨眨眼，我知道他正在看著我。

莫妮克剛下在小屋的新鮮雞蛋破了，她索性把它生吃下肚。我很擔心，因為她可能會養成這種習慣。這樣的事以前就曾發生過，我不得不從儲糧中拿出一顆蛋來，清空之後用芥末裝滿，讓她打消這個念頭。我把這歸咎於情況特殊。

看來，我們應該在三、四天之後就能到達合恩角，我也終於看到了此行的第一隻信天翁！這是我夢寐以求的景象，看著牠滑翔，隨著海浪起伏，如此輕盈，真是不可思議。信天翁是典型的海鳥，是南冰洋的象徵，據說牠的翼展可以達到四公尺寬，這就是為什麼牠能夠飛離海岸這麼遠，而且牠似乎從來不拍打翅膀。眼前景象深深吸引著我，當我想拿出相機時，牠已經飛走了。

我們朝著正南方航行，與海岸平行，相距六十海里，風浪仍然很大。

30

八十天的海上航行後，故障再次找上門來。前帆捲軸徹底罷工，這次是捲筒本身碎裂了。這讓我非常不爽。當時在舊金山更換時，我和賣家在尺寸上沒有共識，他堅持說：「沒錯，不用擔心，這就是你需要的，更小、更輕，但性能一樣好，我向你保證！」呸！天氣非常冷，而且最寒冷的情況還在後面，但是在這種情況下我沒有辦法點燃暖爐。

二月十八日，我們距離合恩角只剩兩百海里，就位於它的西邊，緯度五十六度。噩運還在繼續……現在是引擎出問題。它無法啟動。我感覺糟透了，油箱肯定進海水了。沒有引擎，頂著強風和洋流，我看不出要怎麼逆勢而上，進入通往烏蘇懷亞的航道，那裡還需要四天的航行時間。我絕對需要引擎，沒有它太危險了。不過，看來只能放棄了，做出這樣的決定讓我覺得非常難受。我本來打算在烏蘇懷亞休息，並獲得前往南極洲的許可，我甚至已經聯繫好一個人，可以在我冒險期間照顧莫妮克。我無奈地搔著頭髮，好吧，至少是剩下的那些頭髮。然而這一次，我非常需要停靠，我已經沒有淡水，食物儲備也不足以繼續旅程。我的帆船一團糟，沒有引擎，也沒有前帆。我別無選擇，只能向南航行。我們必須謹慎行事，不能上岸，但必須找個地方避風，修理「伊維內克號」，並從過去幾週的艱辛歷程中恢復過來。在地圖上，我發現南極洲領土最北端的島嶼——欺騙島（l'île de la Déception）上有一處避風的海灣！這個名字還真夠諷刺的！

我們在二月十九日就過了合恩角，但卻因為離得太遠沒看到陸地而沒發現。但我們可以說，我們現在是合恩角人了！莫妮克，我的小小冒險家，是第一隻繞過這個傳奇岬角的母雞，我為她感到驕傲，但我們要繼續勇敢前行，因為尖叫六十度（Soixantièmes Sifflants）還在等著我們。

穿越德雷克海峽（passage de Drake）這片分隔合恩角和南極洲的海域，可不是什麼養生散步路線。它連接太平洋、大西洋和南冰洋，可以說就像是個漏斗，而且被公認是世界上最難以穿越的海域之一。海水深度會從三千公尺突然變為兩百公尺，毫無預警並帶來滔天巨浪。我試圖尋找一條航道，以避開下一次低氣壓來臨時被迫面對這種現象。我打開雷達，保持警惕，航線上隨時可能有冰山出現。我每二十分鐘檢查一次雷達，幾乎無法入睡，莫妮克則是安穩入眠。船行的速度不快，因為我們是逆流而上。狂風陣陣，風速在幾秒鐘內從三十節飆升到五十節，然後又降到二十節，讓人疲於應付。

二月二十三日，濃霧瀰漫，我們距離欺騙島只有幾步之遙了。我幫小艇充氣並做好準備，因為帆船沒有引擎，我可能需要它來推動「伊維內克」。我及時發現了一座正向我們漂來的冰山。終於，在兩排巨浪之間，海岸線隱約浮現，就像雪地中出現海市蜃樓。而且還有一個驚喜，一條小尾巴在船身附近冒了出來……但我見到了第一隻企鵝！歡迎來到南極！這裡的景色就像電影場景一樣壯觀，我欣喜若狂。欺騙島突然間名過其實了。

我們穿越了整個太平洋，戰勝了咆哮四十度、狂暴五十度和尖叫六十度——或者該說是嘔吐六十度，畢竟回想當時的情況，真是慘不忍睹。

欺騙島是南昔得蘭群島（Shetland du Sud）的一部分，位於南極洲北端。在南冰洋的這個地方，水溫只有攝氏兩度；至於氣溫，我不想知道……我拋下錨站在船頭，整個人凍僵了，手指通紅而且沒有知覺。

南極洲，它……難以形容，我眼前的一切讓我目不暇給！我們身處在世界盡頭，大自然在這裡是主宰，可以明顯感覺到人類並不屬於這裡，而這就是南極的魔力所在。我小心翼翼地乘著小艇靠近，以免打擾那些像穿著燕尾服小紳士一樣在聊天的企鵝，牠們正圍繞著在海灘上曬太陽的海獅。又一個童年的夢想實現了，我心滿意足拍下所有的畫面。

接著，我開始檢查引擎，海水確實滲進了柴油中，難怪！這和過去幾週的「下潛模式」肯定脫不了關係。我不得不一個一個將零件拆下進行清潔，並把所有的水都抽出來。我重新燒了暖爐，幸好還不算太晚，船艙都快變冰庫了。

我收到一位友人的訊息，她告訴我龐洛油輪公司（Ponant）旗下的一艘遊輪將在未來幾天停靠這裡，她建議我聯繫船長。結果，我真的去找了船長，向他說明我的困境，船上缺水、缺柴油、缺食物，而且時間緊迫，我必須在風暴季節來臨之前離開。他們邀我上船，各種款待堪比五星級飯店：新鮮水果、蔬菜、麵包、肉醬、蛋糕……一場不折不扣的大餐，我感動得熱淚盈眶。他們迅速幫我解決了困難，還送上淡水、柴油和食物。

我現在正在等待好天氣的空檔再次啟航，但看起來不樂觀，天氣實在很不穩定。

三月三日，我離開欺騙島。我已經開始懷念它了。一個問題在我腦中揮之不去：如果全球暖化真的加速，這片大陸將會變成什麼模樣？我懷著沉重的心情離開了這片難忘的土地。

航行途中，我們必須停靠喬治國王島（King George Island），因為氣象預報會有幾場暴風雪來襲。我的眼睛緊盯雷達。這裡漂浮著為數眾多的巨大冰塊，我們必須非常小心。抵達後，我們停泊在一處避風海灣，我盡可能放下最多的錨鏈以確保安全。令人不解的是，如果海圖沒錯的話，「伊維內克號」現在應該擱淺在陸地上。事實上，地圖更新的速度已經跟不上了全球暖化的節奏，冰層消失得太快，令人擔憂。

就在眼前，一場暴風雪直撲我們而來，風速達到七十節，氣溫降到零下十五度。「伊維內克」變成了一個冰凍的愛斯基摩人。我們緊靠著暖爐，等待暴風雪平息。

第二天，我刮掉積雪，敲碎覆蓋在「伊維內克」上的冰。過了一會兒，我看見兩艘橡皮艇靠近，如果他們是來查驗許可證的軍人，那我就麻煩了。他們靠岸，我盡可能向他們展露最燦爛的笑容，並試圖讓自己安心。莫妮克被關在她的小屋裡，看不見也聽不見，我甚至還打開了音樂。這些人確實是阿根廷軍人，但他們沒有檢查我，也沒有上船。他們熱情地邀我去他們的基地，但我禮貌地拒絕了，我選擇盡可能保持低調。他們很堅持，我解釋說我不想離開自己的船。他們問起我的名字，有沒有臉書。我告訴他們我叫貴格，不使用社群媒體。但後來，我原先的疑慮一掃而空，竟然和他們度過了一段愉快的時光。其實，這些可憐的軍人要在這裡執行任務長達十五個月，這麼長時間遠離妻子和孩子一定非常難熬。最後，他們對我說：「週六晚上我們有個派對，來玩吧！」我很想赴約，但卻不得不拒絕，大海是不等人的。

風平浪靜後，我們繼續趕路，不能在這裡逗留太久，必須離開這個風暴不斷的海域。我們仍在尖叫六十度，這裡的冰山可能非常巨大。今天天氣晴朗，在駛離海岸前，我在浮冰中放慢速度，沿著船身用手拾起最漂亮的冰塊，囤積足夠的淡水。我準備在接下來幾天裡融化它們以節省船上的存水。再往前進，我來到一座巨大的冰山旁，一群企鵝正在進行高空雜技表演。牠們滑行、跳水，各種動作就像在水族樂園一樣。莫妮克和我很想加入牠們，但我們還是在一旁觀看。我用無人機記錄了這一幕。

晚間，在一百五十海里外，我在船艙裡聽到奇怪的聲音，是我從未聽過的聲音。我驚慌地跑出去，太嚇人了，這聲音是從哪來的？就在這時候，我聽到了鯨魚強有力的呼吸聲，牠就在幾公尺外。牠的歌聲透過船體被放大，就像是經過一個共鳴箱。牠似乎想跟著我一段時間，於是我在艙外安頓下來，準備和牠一起過夜。

第二天，我們在球帆的推動下來到象島（l'île Éléphant）附近，想到一百年前探險家沙克爾頓和他的船員們就是在這裡遇難，我感到有些激動。他們在島上避難，然後他和幾名船員划著木筏，前往一千四百海里外的南喬治亞島（Géorgie du Sud），後來他又回來接走了剩下的船員。這真的是個很了不起的故事。我試著想像當時沉船的情況，內心百感交集。

鯨魚還在，我確信是同一頭，牠肯定把我當成了家人。我希望牠能一直跟著我，幫我把冰山從航路上移開！傍晚時分，海上出現一場夢幻般的日落。我和我的鯨魚漂浮在水面上，天空從藍色變成橘色，再轉為紅色，雲朵渲染成粉紅色。鯨魚的呼吸聲讓我感到安心，我覺得很美好，就像和家人在一起一樣。

今天，我準備了一頓豐盛的大餐。感謝龐洛郵輪工作人員送我的食物，我正品嚐著奶油馬鈴薯和肉醬，感覺如同置身天堂。

一場低氣壓從我們頭頂掠過，我盡可能地保持向北航行，雖然理智告訴我應該逃離，但逃離就意味著直接進入結冰區。我意識到，這次穿越大西洋北上的過程不會像預期的那般順利，因為我們已經錯過了最佳時機。

海風平息後，風向仍然是北風，所以我還是在頂風航行。「伊維內克號」最多只能以七十度的夾角逆風航行，我們最好航速也只有五節。

船艙裡的溫度只有攝氏四度，我真希望像莫妮克一樣有一身羽毛。

三月十四日，我好像出現了幻覺。那是晚上，船行在象島和南喬治亞島之間，這時我在雷達上看到了陸地。一座島嶼？不可能，它不在海圖上。我很快明白這不是島嶼，或者也可以說它是，只是這座島嶼正在向我們漂來。我簡直不敢相信自己的眼睛，根據雷達的比例尺，它的面積有兩百五十平方公里，足足有巴黎的兩倍大！這塊巨大的浮冰有二十五公里長，絕對不能掉以輕心，我必須採取行動。浮冰代表會有小碎冰從受風面脫落，我不能被困住，我打算從島嶼的北面繞過。我開始了無休止的繞行，不斷變換航向。黎明時分，我親眼目睹了這個怪物——原來是一堵冰牆，橫跨整個海平線，我看不到它的盡頭。景象很美，但也令人害怕。我奮戰到第二天晚上，向北航行了五十海里，才終於越過了這片幽靈般的陸地。

三月十六日，同樣的情況再次發生，雷達螢幕上又出現了一堵冰牆，雖然比上次小，但仍然不容小覷。除此之外，還出現了新的問題……一場風暴正從北方來襲。如果無法及時繞過，那無疑是自殺，而且會浪費我太多時間，我會在最糟糕的環境下身陷於黑夜之中。我唯一的選擇是盡快從下風處通過，冒著在碎冰和冰山之間穿行的風險——風勢開始增強，與時間的競賽開始了，我必須在天黑之前脫身。在這一天快結束的時候，我終於成功擺脫這個地獄。現在已經是漆黑一片，漂流的浮冰在我們身後五海里的地方，風在纜繩中呼嘯得越來越厲害，二十、三十、四十節，陣風達到了五十節。我向東南方向逃離，沒有張起任何船帆。我必須保持警惕，海面波濤洶湧，我不斷來回查看雷達螢幕。在這種情況下根本無法調整雷達，海浪干擾了信號。我們以極快的速度衝浪，速度甚至超過二十節。突然，螢幕上出現一個斑點，它近在眼前，我的心跳漏了一拍；在這樣的海域中出現冰山，正是我最擔心的情況。以這樣的速度撞上去，我們兩秒鐘就會沉到海底。我焦急地走出船艙，用手電筒照亮四周——它就在眼前！我拚命轉舵讓船減速，避免撞擊。我面對著巨浪，冰冷的海水拍打著我的背脊。我試圖避開冰山，祈禱著好運降臨。

最後，我們僥倖躲過了災難。我非常緊張，揚起一小塊三角帆，試圖整晚保持緊湊的頂風航行，以免速度過快。我與巨浪搏鬥，只能進進出出，無法在艙外待太久。就在我正要下到船艙時，一個規模更大的巨浪轟然砸在船身上，發出震耳欲聾的聲音。

船艙裡一團糟，飼料、義大利麵、書本漂浮在從入口湧入的海水中……我涉水移動，航行警告接收器的螢幕壞了。外面更糟，右舷的船頭平台被扯掉了，槳板不見了，備用錨也是，鵝頸桿也斷了。我憤怒地大吼，忍無可忍。

三月十七日，天色亮起，結束了這個噩夢般的夜晚。風停了，我駛向南喬治亞島，必須找個地方停泊一下。

當到達島嶼的下風處時，我連上了網路，卻得知我無權在此處停留，實在很沮喪。南極洲當局已經通知其他島嶼我沒有停泊許可。命運真是捉弄人，我現在成了罪犯！我沒想到我無害的小母雞會給我帶來這麼多的麻煩。再一次，就在最需要的時候，我們卻無法登陸。無論如何，我得找個地方避風，盡可能把船修好。

我在原地停留了十幾個小時，幸好天氣不錯，讓我可以清理、修理，再一次焊接那該死的鵝頸桿。我重新打開了暖氣，這可不是任性，我是為了把東西烤乾，而且我和莫妮克都需要好好暖和一下。我沒有時間休息，必須馬上出發。

我們仍身處在狂暴五十度，不出所料，又有一場新的風暴來襲，我們再次重溫太平洋上的遭遇，只不過這次方向相反。低氣壓從北方逼近，預計會在風力最強時轉向西方前進。

現在是凌晨三點，我已經連續掌舵七個小時，四周的景色宛如世界末日。我再也睜不開眼睛，全身濕到骨子裡，凍得發抖，巨浪似乎想要把我吞噬。我失去了對危險的感知，腦子裡只感受到寒冷和疲憊，頭暈目眩，手指也動彈不得。我回到船艙，我必須脫掉濕衣服，必須休息。拜託，讓我休息十五分鐘，只要十五分鐘就好，我就能重新回到戰鬥崗位。但我才倒在牀上，就突然感覺船頭向下俯衝，然後在一個漫長而令人眩暈的衝浪中加速，一切都太遲了，我知道，自動駕駛儀要失控了！地板變成了天花板，天花板變成了地板！我上下顛倒，所有東西都砸在我身上，床墊、書本……所有的一切。我屏住呼吸，這一幕彷彿凝固在時間中。我們現在是朝著什麼方向？我重新站起來，我們回正了！但海浪一波接著一波，我必須趕快出去控制船舵。桅杆呢？桅杆還在嗎？我跳過衣服、餐具、麵粉、書本、電腦、硬碟，它們紛紛摔在地板上了，現場十分慘烈……我聽到了莫妮克的聲音，她在碎碎唸——她安然無恙！但現在無法打開艙門，遮陽篷滑到門上，卡住了。我把頭貼在舷窗上，桅杆還在，謝天謝地！我使勁往外推，艙門終於打開了一條縫，我擠了出去。外面簡直是世界末日。我們仍在經歷雲霄飛車般的顛簸，船上的一切消失了，甚至連地板也不見了，所有繩索都拖在水中，一塊太陽能板呈半脫落狀態，遮陽篷只剩下兩顆可憐的螺絲固定著，上面有一塊壓克力板不見蹤影，欄杆也彎了。我重新掌舵，同時努力把拖在後面的繩索拉回船上。

風暴最猛烈的時候過去了，我坐下來，把莫妮克抱在大腿上，餵食乾燥昆蟲，她狼吞虎嚥地吃著。我驚魂未定，回想起剛才發生的一切。帆船是完全翻滾了一圈？還是僅僅左右大翻轉？無論如何，我們還活著就是奇蹟。但我可憐的帆船狀況很糟糕，我覺得好難過，想起了我爸爸，我的島嶼，瑞諾的槳。我試圖尋找答案，真的是時候停下腳步了，否則我們的「伊維內克號」將會面目全非。

三月二十九日，天氣終於平靜下來，我趁機修整遮陽篷讓它穩固一點，我可不想失去它。我用綁帶和繩索把它綁緊。自從那次帆船「翻滾事件」之後，船上就沒有網路，只剩下我的衛星電話了。

天氣預報已經預告了更多的低氣壓。在這種緯度和這個季節，我本來就不該存有幻想。海浪仍大，不斷拍打著船。我已經受夠了。這次穿越對我們來說是個紀錄，我們已經在極端航行條件下航行了幾個星期，而且還沒有結束。我本來打算在特里斯坦・達庫尼亞島（Tristan da Cunha）停留，但經過南喬治亞島事件之後，我不想再冒險招惹麻煩了。算了，我們是應該改變航向，朝著南非前進。

儘管低氣壓不斷，我們還是盡力向前。當然，風暴總是在晚間時最猛烈，這是我的命運，我知道，我認命了。我甚至試著對莫妮克開玩笑：「既然沒有網路吃到飽，那我們就享受風暴吃到飽吧，對吧，莫莫？」

我們到達了南緯三十九度。

上次意外發生後，「伊維內克號」的狀況就越來越糟。固定船舵的焊接處開始鬆動，但天氣狀況不允許我拿出電焊機，所以我用綁帶做了一個臨時加固，看起來還行。我的船變成了一艘真正的海盜船，還好我天生樂觀。

四月十日

航行似乎永無止境，我們本應該已經看到陸地，但恰好相反，我們仍在近海航行了好幾天。雖然湧浪減小，但仍有強風襲來，最近的一次風暴讓船身劇烈搖晃，我重重地撞上了海圖桌，差點磕掉一顆牙齒。糧食儲備也毀了，奶油發霉，我每天都被迫扔掉一些食物。

一根漂浮的繩索纏住了螺旋槳，我得潛入海中去解開它。幸好海面終於平靜下來，氣溫也回升了。就在一個小時後，我才意識到剛才下水可能會帶來危險，因為我看到水面上有魚鰭。我竟然忘了這是大白鯊棲息的海域……想到這個，不禁打了個寒顫。

四月十七日

開普敦張開雙臂歡迎我們，宣告了苦難的結束。終於！看到第一排山脈的輪廓時，我歡呼雀躍。解脫了，我總算鬆了一口氣！

然而，隨著距離越來越靠近，我的視覺、聽覺和嗅覺都受到了衝擊。高樓大廈、鋼筋水泥、喇叭聲、城市的氣味，我感到一陣噁心。歷經四個月自給自足的生活後突然重返文明社會，這種轉變太過突然，我移開了視線；我沒想到會有這麼大的衝擊。無論如何，這次停靠是值得高興的一件事。待修清單長得看不到盡頭，我得在這裡待上一段時間，讓「伊維內克號」恢復原狀。至於莫妮克，她肯定很高興可以行走在更穩定的地板上，她對自己的雞舍可是非常講究的。

填寫完入境表格，聯繫了幾家修船廠後，我們就開始動手。經過兩個半月的辛勤付出，「伊維內克號」總算煥然一新：焊接、電氣、遮陽篷、防水處理、風帆、水箱、捲軸、索具、鵝頸桿、除鏽等等，一切都處理得井井有條。

在再次啟航前，我花了一點時間快速探索開普敦。從桌山（Table Mountain）眺望的景色非常值得一看。我前往好望角，很想看看這個我聽說過無數次的傳奇岬角。事實上，根據我的了解，地理上連接大西洋和印度洋的真正岬角不是好望角，而是一百三十公里外的厄加勒斯角（cap des Aiguilles）。我繼續探訪之旅，來到博爾德斯海灘（Boulders Beach），那裡有一群企鵝棲息。我駐足觀察了一會兒，欣賞牠們親暱互動和爭吵拌嘴的實境秀，同時思考著我和莫妮克接下來的冒險。

第六部

回家路漫漫

31

六月二十七日

為了好天氣，我們已經等了兩個星期，但大海的呼喚太強烈，我們還是出發了。為了善用更有利的風向和洋流，航線稍微延長了一點，將會進行兩次橫渡大西洋的航行。

我們都很高興能再次駕駛這艘升級的帆船出海，駛向更溫暖的海域。但最初幾天的航行並不順利。迎面而來的海浪猛烈衝擊著「伊維內克號」，讓十二噸重的船身一次次地被拋起又落下。海水從與船艙相鄰的帆艙頂蓋滲入，我的床鋪濕透了。帆船的支桿雖然固定在甲板上，但還是被海浪沖走。我們幾乎是原地踏步，四天只航行了三百海里，真是慘不忍睹。更糟糕的是，我拋入海中的救生索纏住了螺旋槳，但這次我無法下水解開它，只能等天氣好轉再說……而且要遠離鯊魚。商船的繁忙交通也讓情況更加棘手，但這應該不會持續太久。

四天後，惡劣的天氣終於讓位給燦爛的陽光和順風。我升起全新的球帆，但因為支桿沒了，我只能在船首支索周圍設置一個臨時的固定點，所以帆船無法完全順風航行，只能像使用不對稱球帆一樣以偏順風航行。無論如何，我終於有了一個帶有收帆袋的球帆，真是太幸福了！我以前怎麼可以沒有它？它改變了海上生活，升帆只需要兩秒鐘。「伊維內克」全速前進，莫妮克狀態很好，她很高興又能一直待在外頭。好天氣讓我可以曬曬開始發霉的床單、枕頭和床墊。晚上，我躺在床上，聽著海水輕輕拍打船體的聲音，還有球帆輕柔鼓起和收縮的低語，我像嬰兒一樣安然入睡。我想起了第一次橫渡大西洋，這是最純粹的幸福。船上的生活充滿了歡聲笑語，我和莫妮克在甲板上共進的午餐美味極了，南冰洋的風暴緯度已成了遙遠回憶。不過，我還是會經常想起那段經歷。我發誓將來有一天，我會駕駛著一艘配備精良的船，再次舊地重遊，乘風破浪……

現在風停了，我可以下水了。在下水之前，我又加了兩條救生索。殘餘的小湧浪讓我搖搖晃晃，螺旋槳上的繩子纏得很緊，我只好把它剪斷。我抓住船舵以防止帆船漂移。鯊魚的畫面又浮現在腦海裡，這是一種新的恐懼，但願我不會再遇到牠們。我把動作放慢，保留力氣，以確保我有足夠的力量在沒有梯子的情況下爬回船上。

七月十日，我們運用三角帆和前帆以剪帆航行，穿過了格林威治子午線，它是將西半球和東半球分開的參考經線。選擇兩次橫渡大西洋而不是逆風而上真是個好主意，坦白說「伊維內克」真的不適合頂風航行，我更喜歡多花幾週的時間以順風航行。

經過十六天的海上航行，我們終於看到了陸地！今天是十三號星期五，我們在大海中揚帆航行，海浪起伏中，時不時就會看到拿破崙最後的流放地「聖赫勒拿島」，氣氛相當神祕，讓我立刻愛上了這座島。抵達後，我通過ＶＨＦ無線電聯繫港口。這裡必須停泊在外面的浮標上，禁止乘坐小艇上岸，因為海浪洶湧，前往碼頭的航道很危險。接駁船來接我，莫妮克知道規矩，保持低調。我必須趕快辦理清關手續，辦公室週末就關門了。辦完手續後，我準備去提錢，好好享受一頓當地美食。但銀行關門，我得等到週一。我繼續往村莊上方走去，來到一家小酒館，老闆邀請我入內。我解釋說我現在無法付錢，他同意讓我賒帳到週一。聖赫勒拿島居民非常熱情好客。第二天，我獲邀觀看世界盃足球決賽，誰能想到，在距離大陸兩千多公里的孤島上，竟然能看到法國隊獲勝。我在這裡感覺很自在，很快就認識了所有人，但兩週的時間已經過去了。在蒼翠山脈中健行，同時享受村莊的美好生活，時間過得飛快，是時候告別這個熱情的島嶼了。我升起球帆，莫妮克擔任瞭望員，迫不及待想再次出發冒險。一頭鯨魚和牠的幼鯨為我們護航，我想起了瑞諾的話：你遇到的動物，從來都不是偶然出現的……

天氣越來越熱，日子一天天流逝，都按照我和莫妮克的日常節奏度過。我們今年二度橫越大西洋之旅即將結束，巴西就在不遠的地方，我準備航向費爾南多-迪諾羅尼亞島（Fernando de Noronha）。我聽說過很多關於它的故事，迫不及待地想探索這片樂土。在抵達前幾天，技術問題再次浮現。我全新的球帆爆裂，帆布全都落入海中，我感到非常沮喪。我不明白，風勢明明不大，一處小小的磨損怎麼就足以削弱整片帆布呢？真是禍不單行啊！現在輪到前帆捲軸故障。在開普敦時，我修好了捲筒，現在是整根管子都斷了。我實在無能為力，幸好前桅三角帆還在。

八月十三日傍晚，我們隆重抵達費爾南多·迪諾羅尼亞島。我剛在十公尺深的水中下錨，一群興奮的海豚就開始在帆船四周跳來跳去，我簡直不敢相信。這個邀請令人難以抗拒，我也跳進水裡和牠們同樂。二十分鐘後，海豚離開，而我本來打算在水中待上好幾個小時的。

第二天，我迅速辦理了入境手續，像往常一樣沒有提及莫妮克，反正牠更喜歡待在錨地上。

我給自己三天時間，盡情享受這片野生動植物的綠洲。海水清澈見底，成千上萬的魚群游來游去，背景是嶙峋的岩石和綠意盎然的山峰。我終於明白為什麼這裡的停泊費用是世界上數一數二的貴。在這裡就連遊客的數量都受到限制，一切都是為了保護環境。

接下來，我們航向二百九十度，下一站：法屬圭亞那！現在風和洋流非常順利，我覺得自己就像在輸送帶上航行。天氣變得越來越熱，我赤身裸體在甲板上走來走去，這次輪到莫妮克想換掉一身羽毛。我到處藏了些小零食，轉移她的注意力，同時磨練她狩獵的本能。隨著海岸逐漸靠近，大海的顏色發生了巨大變化，就像一道邊界，首先從藍色變混濁，然後從混濁變成不透明的棕色。我穿過雷米爾群島（Rémire），然後進入馬羅尼河（Maroni）。我逆流而上，叢林茂密，鳥兒發出令人煩躁的喧鬧聲。我在德格拉德德坎恩（Dégrad des Cannes）前下錨，水流湍急，一根樹幹竟然卡在船頭。我沒有打算在這裡停留太久，於是把握機會採購大量的法國食物，它們讓我口水直流。水果、蔬菜、刨絲乳酪、麥片、優格、各種美食罐頭。海關人員提醒我，在接下來的航程中，從蘇里南（Suriname）開始要避免在海岸附近航行，因為海盜可能出沒在這些水域，尤其是在委內瑞拉附近，過去已有多艘遊艇遭到劫持。無論如何，我都不會繞道，返回加勒比海的航程已經開始了。

六天後，我們經過千里達附近，這是值得紀念的一刻。三年前，「伊維內克號」就是從千里達的修船廠出來，準備好面對冰天雪地。「你還記得嗎，莫莫？我們曾經來過這裡！我們又回到了原點！」好吧，還不完全是，只有當我回到家鄉時才是回到原點。突然間，一股思念布列塔尼家鄉島嶼的情緒湧上心頭，我想念我的父親。我們越是靠近，我就越明白他不會在終點迎接我……現在我寧願不去想這些。我幾乎等不及要結束這一切，而這段熱帶之旅來得正是時候。

格瑞那丁群島（Grenadines），我們來了！卡里亞庫島（Carriacou）的錨地擠滿了船隻，因為安地列斯群島北部一帶有颶風警報，所有的遊艇都聚集在這裡避風。這片群島位於熱帶輻合帶的軸線上，比起北部所有島嶼，受到颶風的影響較小。今天是九月十五日，正值颶風季節。

卡里亞庫島、桑迪海灘（Sandy Beach）、莫皮恩（Morpion）、小聖文森（Petit-Saint-Vincent）、聯合島（Union Island）、貝基亞（Bequia）……我一個接一個停靠，盡情享受椰子、浮潛、風箏衝浪，我像瘋子一樣消耗自己的精力。我的皮膚又曬黑了，而莫妮克的羽毛比以往任何時候都更紅豔。我們倆像戀人一樣躺在甲板的吊床上，欣賞著每天寵幸我們的日落紅霞。頻繁的陣雨讓我可以補充淡水。我開始每天洗澡，彌補這些年來對外貌的忽視。

我們必須繼續向北前進，並停靠在馬丁尼克島，因為我要把「伊維內克號」拖上陸地，為最後一次橫渡大西洋做準備。這是今年的第三次，也是這次冒險的第四次。

十月八日，我們抵達勒馬蘭（Le Marin）。友人馬克森斯，也是這趟冒險的醫生，兩年前是他診斷出我得了闌尾炎，救了我一命。此時他在碼頭等我，我很高興再次見到他。我們一起度過了幾天，在當地衝浪。然後，我將帆船送進維修廠。我聯繫「加勒比海船舶」（Caraïbe Marine），認識了菲利普和加艾唐，他們是我這趟冒險的救星。這兩個人無微不至地協助我，負責維修工程，並幫我找了新的合作夥伴。他們提供我一系列重要設備：一個新的捲軸、一台冰箱、一艘小艇、一根支桿、一根新的吊桿（不再需要臨時焊接了）。他們甚至幫我更換了固定索具，所有的拉索也都換新了。晚上，莫妮克在加艾唐的太太奧蕾麗的披薩船上享用她的披薩。我感到非常幸福，我無法想像還有比這更周到的服務。擁有這群新的合作夥伴和朋友，對莫妮克和我來說都是真正的福氣。我們還檢查了整個電氣系統。「加勒比之帆」（Voiles Caraïbes）的人替我仔細檢查了船帆，三年前就是他們為我裝設船帆。老實說，他們的船帆一點問題也沒有。把船體拉出水面進行快速保養之後，我們必須繼續航行。我想去聖巴泰勒米島和聖馬丁島看看，有朋友在那裡等我，我很想知道三年後我的第二故鄉變成了什麼模樣。

我們經過多米尼克島、瓜德羅普島、蒙特塞拉特島、聖克里斯多福島……我繞過聖巴泰勒米島的迎風面，直接到達聖約翰灣，我以前的錨地，回憶頓時湧上心頭。尚米乘小艇來接我，他們還在海灘上舉辦了歡迎酒會。我有種異樣的感覺，很多事情都變了，也許我自己改變得更多。在俱樂部的小鬼中，我見到了安東楠，其他人都去加拿大念書了。我享受著重逢的喜悅，但過去這些年的經歷也衝擊著我的內心。才剛回到船上，我就感到心情沉重，我想回家。這一年來讓人無法喘息，船上的生活開始影響我的心情，我已經想像自己在伊維內克島上捕撈龍蝦的樣子……但我知道最後一次橫渡可能不會太輕鬆。

我在聖馬丁島快速停留一下，不能不探望尤安就離開；他在整趟冒險中給了我很大的支持。尤安就在馬塞爾灣等我。一年前，艾瑪（Irma）颶風摧毀了一切，儘管碼頭非常隱蔽，但仍然可以看到風災留下的傷痕，相當可怕，還有一些沉船……最後，我認出了「流浪者號」，儘管知道克里斯欽和克勞迪娜安然無恙，但我還是覺得難過，他們兩人的生活在一夜之間發生翻天覆地的變化，所以不得不返回法國。希望能再次見到他們。

離開的時候到了。此時在大西洋彼端，蘭姆酒之路帆船賽起跑，莫妮克和我又一次逆流而行。無所謂，我們勝券在握！

我們必須向正北航行，希望能趕上西風，將我們推向布列塔尼。我們必須避開亞速爾群島的高壓區，以免陷入無風帶。沿著美洲海岸的北上航行似乎永無止境。我們以平均四節的速度逆風航行。經過兩週令人疲憊的航程，我們終於可以轉向西行了。我本以為可以稍微休息一下，但這次輪到自動駕駛儀拋棄了我。引擎和液壓缸之間的一根軟管爆裂，必須動手修理。隨著歲月和經驗的累積，我覺得自己在找出問題的速度上有所提高。當別無選擇的時候，人很快就能記取教訓。

一系列的挑戰仍在繼續。現在是前帆的升降索環斷裂，這個問題看起來很棘手。這次不是手動拉帆然後降下來就能搞定，我必須在沒有任何保險措施的情況下，牢靠地站在桅杆頂端。我穿上桅杆吊椅，在脖子後面繞了一根繩子。爬上桅杆後，用一隻手抓緊桅杆，另一隻手繫緊繩子。儘管海面平靜，但輕微波動就足以讓我搖晃，險象環生，這比我想像的還危險。我只能用一隻手操作，另一隻手負責緊緊抓住桅杆。直到索環終於換好，我趕緊從桅杆下來。

十一月二十五日，我原本沒打算在亞速爾群島停留，但現在我別無選擇。一場突然颳起的強風帶走了風力發電機的所有葉片，天氣預報表示四十八小時內將有一場巨大的風暴。我必須前往群島西北部的第一個港口，它位於弗洛雷斯島（Flores）上。我又是在晚上到達。我很緊張，因為不熟悉這片海域。風速達到三十節，海浪洶湧，陣雨襲來。當我到達防波堤盡頭時，我聽到有人喊叫。有個人向我打手勢，要我盡量靠著堤防航行，因為另一邊的堤壩幾天前坍塌了，航道現在只剩下幾公尺寬。我很幸運剛好碰到他。我駛入港口，把「伊維內克號」停泊在第一個碼頭上。

第二天早上，漁民們在港口引水人的幫助下，忙著將他們的船逐一拉出水面。他們警告說這個地方根本不避風，我應該繼續航行到霍爾塔（Horta）以確保安全。但我沒時間了，於是他們決定幫我，因為他們覺得不能把船留在碼頭上。「伊維內克號」被固定在蜘蛛網般的纜繩中，正好在港灣的中央。我們在纜繩中間放置重物作為壓艙重量，以平衡拉力，這種方法我以前從來沒有見過。

暴風雨來臨了，我待在船上，準備度過一個不眠之夜。

有好幾次，留在碼頭上看守旱船的船員們，冒險在風暴的空檔扔給我新的纜繩，因為原來的纜繩一根接著一根斷裂。每次我都必須開啟引擎來抵消拉力，試圖向他們靠近。港灣裡的水位在幾秒鐘內就上升了四公尺，水流在船底形成漩渦，碼頭上的碎石打在我的臉上。

整整二十四小時，我都無法上岸。莫妮克在船艙裡很暖和，如果她走到外頭去，肯定早就被吹到布列塔尼了。

風平浪靜後，我不知道該如何感謝這些恩人。風速高達每小時兩百三十公里，外面的浪高接近二十公尺。兩天後，我們必須離開，這是最後的衝刺階段，而且現在正值隆冬，一點都不能鬆懈。

我們還剩下一千三百海里。順風推動著帆船，我們正在趕路，迫不及待結束這一切。接近比斯開灣時，我保持高度警惕；這片海域可能和南太平洋一樣無情。我得知一個低壓系統將在三天後報到，可能會影響我駛入布列塔尼海域。根據我的計算，我認為我應該能及時通過海角，最壞的情況下，我會先躲到布雷斯特，如果情勢不妙的話。我迫不及待想看到布列塔尼海岸線的輪廓，以至於覺得什麼都不會發生在我身上。然而，一個微弱的聲音提醒我，一切都言之過早，不能掉以輕心。低氣壓正在轉強並緊跟在我身後，我到達了韋桑島附近，天已經黑了。大陸棚上升，海面突然掀起巨浪，這裡是歐洲的合恩角！我必須盡可能遠離海岸航行，這片海域很危險——搖滾之夜就此展開了。「伊維內克號」重拾大海衝浪者的本色，兩度被巨浪掀翻，我的太陽能電池板不見蹤影，艙內的雷達螢幕也壞了。

我們離菲尼斯泰爾省北端不遠了，一通過我就會前往最近的港口。船行駛到阿伯烏拉克海域，除了浪花之外，我什麼都看不見。我打算停留在海角，直到天亮。清晨，我鼓起勇氣衝進巨浪，前往港口的入口，到處都是露出水面的礁岩。我不知道自己是怎麼做到的，但我們安然無恙地穿過這片岩石海域。早該是時候了！我利用喘息的機會整理船隻，距離潘波勒還有八十海里。為了順流航行，我選擇在退潮時出發，漲潮會把我們推向東方。

十二月十五日上午，我駛入位於布雷阿島（Bréhat）和貝尼蓋島（Béniguet）之間的克爾蓬（Kerpont）海岸。三年前在安地列斯群島遇到的「布爾米克號」（Boulmic）加入了我的行列，陪我走完最後一段航程，其他朋友也紛紛前來護航。

潘波勒灣在我眼前展開。最後一段揚帆航行，「伊維內克號」全速前進，莫妮克昂然而立，我則興奮不已。我為我親愛的金蛋母雞，我的得力助手感到驕傲。人群在防波堤盡頭等著我們，布列塔尼音樂響起，我的心跳加速，情緒非常激動。一種自豪的成就感把我淹沒了，我腦中千頭萬緒。回憶如潮水湧來，我不敢相信，我們少說在鬼門關前走了七次，但我們做到了：「我們做到了，莫莫！我們成功了！我們到家了！」碼頭上，全家人都迫不及待地跳起來。是時候把船帆降下來了。

爸，如果你也在這裡就好了……

致謝

非常感謝蘿倫和愛麗絲，感謝你們協助我完成這本書。蘿倫，你過去幾年的付出和耐心給了我莫大的支持。

雖然我在海上獨自航行，但在陸地上我並不孤單。這次冒險在某種程度上能夠實現，要歸功於來自各行各業的人們和企業的幫忙。你我都有著共同的熱情：愛冒險和愛地球。感謝你們，Ulule和Patreon的捐款者，數以百計的無名氏，社群媒體上成千上萬的追蹤者，以及在旅途中遇到的夥伴們……感謝你們的支持、幫助、鼓勵和訊息，它們總能在我們最需要的時候令人會心一笑。還有，請不要忘記，有志者事竟成。看看莫妮克！現在輪到你們了。

人生萬歲！

吉雷克

合作夥伴

主要合作夥伴

A + International Healthcare Senso

MGS Industries

Caraïbe marine Martinique

其他合作夥伴

Driiveme、Carib Waterplay Saint-Barthélemy、PNF Étanchéité Saint-Barthélemy、Agaphone、Grand Hôtel de Port Blanc、Catapulte、Orbis、Coccinelle Tréguier、Climaction Saint-Barthélemy、Port Adoc Paimpol、A Prime Group、Bleu Électrique Saint-Barthélemy、GSL Saint-Barthélemy、Aidomotique Saint-Barthélemy、BBZ conseils、Smart Villas Mauritius。

技術合作夥伴

Rizzon Automobiles Toyota、Caraïbe marine Martinique、Profurl, Highfield、Dauphin Nautique Paimpol、Sport d'époque、Sparcraft、Voile Caraïbe、Gabriel Couzian Laboratoire、Pharmacie de Saint- Jean à Saint-Barthélemy、Pharmacie trégoroise à Tréguier、So Cuisine Saint-Barthélemy、Clinique vétérinaire Rance Frémur。

帶著母雞環遊世界

一個夢想航海的少年，
一隻幫他圓夢的母雞，
歷經絕地求生的驚奇旅程

國家圖書館出版品預行編目 (CIP) 資料

帶著母雞環遊世界：一個夢想航海的少年，一隻幫他圓夢的母雞，歷經絕地求生的驚奇旅程。/ 吉雷克．蘇德 (Guirec Soudée) 著；范兆延譯 . -- 初版 . -- 臺北市：遠流出版事業股份有限公司 , 2025.01
面；公分
譯自 : Le monde selon Guirec et Monique
ISBN 978-626-418-060-3(平裝)

719　　113018743

作者——吉雷克．蘇德
協助撰稿——薇若妮可．德布爾
譯者——范兆延
副總編輯——簡伊玲
美術設計——王瓊瑤
校對——金文蕙
特約企劃——林芳如

發行人——王榮文
出版發行——遠流出版事業股份有限公司
地址——104005 台北市中山北路一段 11 號 13 樓
客服電話——（02）2571-0297
傳真——（02）2571-0197
郵撥——0189456-1
著作權顧問——蕭雄淋律師
ISBN——978-626-418-060-3

2025 年 1 月 1 日 初版一刷
定價——新台幣 420 元
（缺頁或破損的書，請寄回更換）

遠流博識網 http://www.ylib.com
E-mail: ylib@ylib.com
遠流粉絲團 https://www.facebook.com/ylibfans

本書獲法國在台協會《胡品清出版補助計劃》支持出版。
Cet ouvrage, publié dans le cadre du Programme d'Aide à la Publication《Hu Pinching》, bénéficie du soutien du Bureau Français de Taipei.